Frédéric Mitterrand

Destins d'Étoiles

volume I

P.O.L

FIXOT

Les souvenirs traversent
l'horizon de mes rêves...

OUM KALSOUM

À ma mère

Sommaire

Ces textes sont la conséquence d'une longue aventure menée avec mes collaborateurs de la télévision. Et c'est aussi pour eux que je les ai adaptés et réécrits; afin qu'ils aient un témoignage tangible de leur travail et une marque d'estime et de fidélité amicale pour leur talent. C'est ainsi que je tiens à remercier Patrick Jeudi avec qui j'ai commencé la série télévisée; Philippe Venault avec qui je l'ai continuée dans un climat, de complicité, d'affection et d'enthousiasme qui me sont particulièrement chers; et Reynold Ismard qui a collaboré également à la série avec beaucoup de compétence et d'excellents cigares — chacun, réalisateur de télévision de grand talent, s'associant à mon attachement aux textes et aux personnages afin de trouver les images et les rythmes qui ont, semble-t-il, marqué l'usage de ce média. Mais rien n'aurait été possible cependant sans Jean-Christophe Rosé qui m'a accompagné, voire conduit, tout au long, assurant en plus de la production de l'ensemble, la réalisation inspirée et poétique de nombreux épisodes. Mais il y a aussi Véronique Lambert de Guise qui a constamment maitrisé la coordination générale, les problèmes de production, et m'a apporté une aide précieuse pour le choix des photos de ce livre; Marie France Pirotte qui a trouvé ces documents inconnus et magnifiques, avec une gentillesse jamais en défaut; ses amies documentalistes; et enfin les ateliers de TF1, d'Antenne 2, monsieur Léonardi et Geneviève Broust, les monteurs et les assistants qui ont tous permis de bâtir cet ensemble et m'ont laissé ainsi rêver tout haut, en images et aujourd'hui en textes. Qu'ils sachent que je pense souvent à eux, et le lecteur aussi sans doute, lorsqu'il refermera ce livre.

Nos vies seraient bien tristes et l'histoire de notre temps, encore plus redoutable et confuse, si les vedettes de cinéma, les rois et les reines, les artistes célèbres ou certains héros de la presse populaire ne se faisaient pas les messagers de nos émotions, de nos élans et de nos désarrois. Leurs existences à l'apparence brillante consolent notre quotidien obscur ; leurs destins, heureux ou tragiques, nous vengent de n'être que les acteurs abandonnés et solitaires d'un théâtre trop vaste dont les intrigues nous dépassent. Et si les politiques et les historiens les négligent ou s'en méfient, nous savons bien qu'ils donnent ses couleurs à notre époque et nous rejoignent dans les rêves dont elle s'accommode si mal. Mais ce sont aussi d'étranges messagers, à peine conscients de ce qu'ils transmettent et dont nous ne savons finalement pas grand-chose ; cette imprécision les protège ; elle fonde leur séduction et leur légende, et s'avère finalement plus forte que tous les détails pourtant bien réels qui aiguisent notre curiosité en nous donnant l'illusion de les connaître.

Ces textes, écrits à l'occasion d'une série d'émissions de télévision, se sont servis de leurs images ; ils en ont transcrit, le plus honnêtement possible, des faits et des attitudes, des situations et un éclairage qui ne sont pas ceux auxquels on est accoutumé ; mais ils y ont aussi toujours retrouvé le romanesque et l'incitation aux songes, car c'est là que réside l'impalpable exactitude qu'aucun récit ne peut fléchir et enfermer. Ce sont ainsi plutôt des contes ou des chansons en prose, où tout est vrai, et s'il en existe, surtout les mensonges.

Frederic Mitterrand

GRACE
KELLY

« J'aimerais que l'on se souvienne de moi, non comme d'une princesse ou d'une star d'Hollywood, mais plutôt comme d'une femme qui a essayé d'apporter un peu de bien autour d'elle. »

Alors qu'ils préparaient un nouvel épisode du feuilleton à grand tirage auquel le public était fidèle depuis trente ans, les journalistes qui recueillaient ces propos de la princesse Grace s'étonnèrent un peu de leur gravité et de leur mélancolie ; puis ils reprirent leurs habitudes d'indiscrétions insidieuses et de descriptions superficielles. Peu après, la princesse Grace mourait dans un accident de voiture où les soucis et la fatigue avaient estompé les virages de la route et le tournant de son existence.

Le chagrin et le regret, ces invités funèbres qui n'étaient jamais parvenus à troubler la fête de Monaco, recouvraient soudain brutalement le rivage du plaisir de vivre sous une marée noire de tragédie. Plus rien n'y serait jamais comme avant.

On refit alors sans cesse en arrière le chemin déjà mille fois parcouru des souvenirs; ceux qui ne la connaissaient pas, pour mieux la découvrir, certains avec compassion et d'autres avec malveillance ; ceux qui la connaissaient pour s'efforcer de vivre avec le poids d'une peine inconsolable.

En fait, la vie de la princesse Grace semble si connue que ses multiples vérités, toujours très fortes et parfois contradictoires, sont finalement difficiles à rassembler, laissant l'image d'une personnalité infiniment plus secrète que celle que nous livraient la complicité objective de la légende de Monaco et des reportages de magazines.

Bien des hypothèses se sont aventurées, sans risque mais non sans de fortes rétributions, vers ce mystère, y projetant en toute impunité une lumière noire qui n'était que celle de leurs auteurs. Ces hypothèses sont fausses; habituelles et tristes comme la réponse du sarcasme à la pudeur qui sait et ne dit mot. Et pour peu que la mémoire de ce qui fut discret et tendre, avisé et candide, sentimental et aimant, brave et désarmé, demeure : Grace Kelly, devenue princesse de Monaco, était une femme merveilleuse.

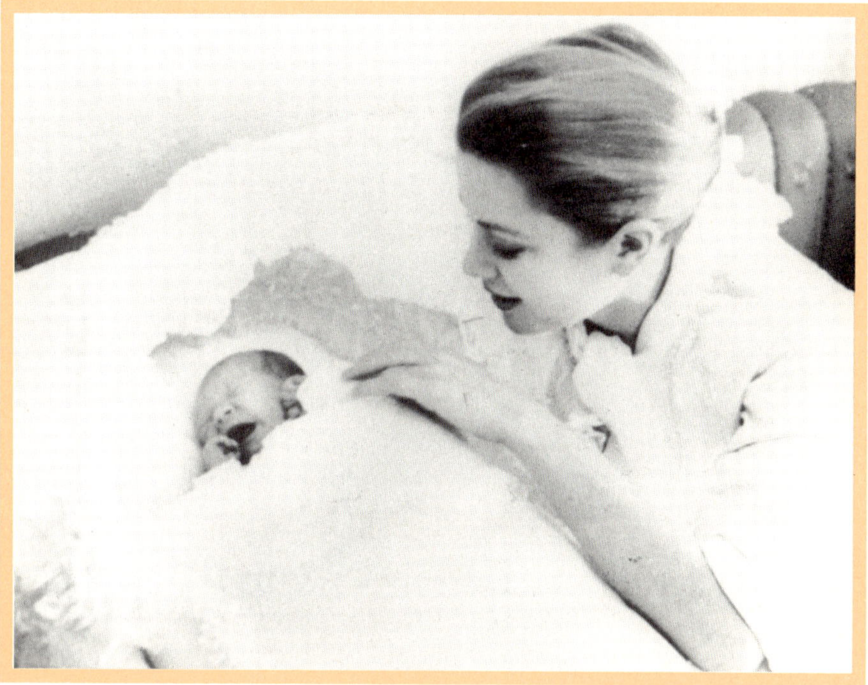

23 janvier 1957. Roman rose, deuxième époque : Caroline entre en scène.
Beau prénom sonore, fleurant l'histoire et la Méditerranée, après ceux, désuets et romanesques, de Grace et de Rainier. Les journalistes s'en emparent aussitôt. Ont-ils deviné que la petite princesse endormie va leur assurer plusieurs décénies de reportages et de couvertures ? Grace, qui ne s'est pas remise de la fiesta du mariage, redoute-t-elle déjà cette hystérie qui glisse près du berceau ? Pour l'instant, rien qu'une photo tendre, à l'image de ce qu'elles furent toujours l'une pour l'autre.

« Dès le premier instant, nous avons tous compris que c'était la personne la plus gentille, la plus attentionnée, en somme la meilleure que nous ayons rencontrée. »

James Stewart

Lorsque le Prince parvint enfin au palais de la Belle au bois dormant et qu'il la vit ainsi oubliée du monde et endormie d'un sommeil qui paraissait éternel, on dit qu'il hésita un instant devant tant de beauté reposant devant lui, innocente et offerte. Puis il se pencha sur ses lèvres, l'ouvrit à l'amour, la rendit à la vie.
En ce printemps 1956, où le monde languissait parmi les sombres perspectives de la guerre froide, le soleil de la Riviera vint enfin rappeler que le Prince, le palais oublié et la Belle étaient de retour. Mais cette fois les rôles avaient changé : c'était la Belle qui éveillait le royaume enchanté, au terme d'un long voyage depuis le ciel des étoiles, en déversant dans le cœur de ses sujets et de son prince le désir de battre à nouveau, de vivre et d'aimer.

La Belle n'avait pas eu besoin de pseudonyme à Hollywood. Kelly fleurait bon cette Irlande batailleuse et sonore dont les producteurs polissaient le miroir optimiste qu'ils tendaient à l'Amérique, et Grace était synonyme d'élégance. On oubliait dans les studios que ce prénom faisait aussi référence à un état de l'âme qui échappe au commun des mortels mais auquel tendirent toujours les enfants catholiques de la grande île, lorsqu'ils s'exilèrent par milliers vers une terre où ils seraient moins misérables et où ils pourraient vivre leur foi sans contraintes.
Rescapés de la grande famine et des sanglantes répressions anglaises du milieu du XIXe siècle, les grands-parents Kelly avaient lentement construit leur ascension sociale américaine dans le désir de revanche, la crainte de Dieu et une vaste progéniture qui atteste le désir de vivre, le plaisir codifié et la multiplication des chances soigneusement sanctifiée.
Une fille comédienne qui s'appelle Grace et qui meurt avant de devenir célèbre et d'inquiéter ses parents, un fils écrivain aux manières trop délicates qui atteint la notoriété en vivant loin des femmes : d'étranges dérapages ont déjà griffé la tribu, lorsqu'un autre des fils, John, bâtit de ses mains de maçon une fortune considérable en profitant de l'essor de la construction accompagnant la prospérité des années vingt. Son énergie, trempée aux combats de la guerre en

France et aux élans du sport de compétition, est tempérée par un sens de l'équilibre et de l'observation qu'il a acquis en rivetant lui-même les premières poutrelles de ses chantiers à l'assaut du ciel. Après avoir obtenu une médaille d'or à l'aviron aux jeux Olympiques d'Anvers, il décroche une autre distinction très convoitée en épousant Margaret Majer, dont la beauté altière attirait pourtant les partis les plus élégants, et en consolidant sa fortune lors de la grande crise. En un demi-siècle, la famille Kelly s'est échappée des ghettos pour immigrés misérables et a gagné ce côté ensoleillé des grandes avenues qu'elle a contribué à édifier. Grace naît à la fin des années vingt dans une des vastes maisons récentes de cette fortune neuve.

Pour John Kelly, l'Europe décadente était un monde au crépuscule, dont il méprisait les aristocraties exploitant, selon lui, les nations comme elles avaient exploité l'Irlande. Il aurait pourtant été fort étonné si on lui avait raconté l'histoire obstinée des Grimaldi, cette lignée de moines bagarreurs et de pirates insaisissables qui avaient protégé, à travers les siècles, leur rocher de toutes les convoitises des grands États avec ce même mélange de ruse, d'obstination, de foi catholique et de tradition familiale dont il s'était servi pour bâtir sa fortune. Et il aurait sans doute pu entendre alors dans le tintement de la roulette d'où le prince Charles III avait tiré sa revanche contre les puissants, l'écho de ses propres bancos d'homme d'affaires.

Cependant, si Philadelphie, ville snob, lui avait entrouvert ses cénacles secrets en lui accordant la main de sa débutante la plus recherchée, la cité et lui-même gardèrent toujours leurs réticences réciproques.

Ainsi préféra-t-il faire vivre sa famille dans une atmosphère d'opulence secrètement orgueilleuse et de santé sportive plutôt que d'affronter en permanence les codes trop complexes d'une mondanité intimidante.

Margaret, qui subissait fortement la séduction physique de son mari, partagea bientôt ses conceptions d'une éducation naturelle privilégiant l'effort et le dépassement de soi pour ses enfants. Mais alors que Peggy et Jack étaient attentifs à la volonté de puissance qui habitait leurs parents, Grace, la cadette, demeurait fragile, douce et réservée.

La famille Kelly sur une plage du New Jersey en 1935.
Grace porte ses petites nattes tressées. Son père, John Kelly, a réussi à traverser la grande crise sans encombre. C'est un homme intelligent et cordial mais aussi rude et autoritaire.

Les mêmes vingt ans plus tard.
Grace se tient près de sa mère, Margaret. Elle vient de remporter un oscar. Mais le rêve de John Kelly est plutôt que son fils obtienne une médaille d'or aux Jeux olympiques. On ne sait ce que regarde le jeune admirateur pris de dos : la star qui va bientôt quitter le cinéma pour un rôle autrement plus difficile, ou le beau champion qui perdra ses lauriers pour ne recueillir que des désillusions amères.

La petite fille qui s'enrhumait pour un rien et ne se révoltait jamais avait-elle hérité les caractères subtilement différents de son oncle et de sa tante ?
John et Margaret étaient aussi frappés par le charme discrètement volontaire de leur enfant délicate et soumise, à travers ses études au strict collège des Dames de l'Assomption, comme dans ses jeux de plage. Ainsi, Grace développait une personnalité singulière au milieu de l'ambition et du conformisme positif de sa famille : elle paraissait d'autant plus docile qu'on la sentait ailleurs, les yeux grands ouverts. Bientôt les Kelly comprirent que c'était elle qui possédait, bien plus que les autres enfants, cette force intrépide qu'ils avaient voulu leur transmettre. Les Kelly étaient aussi aveugles à leur propre beauté. Avec une vague inquiétude et un surcroît d'étonnement, ils en découvrirent le reflet dans le regard que les garçons portaient sur Grace.

Elle imposa imperceptiblement son désir d'être comédienne et partit pour suivre des cours à New York, étudiant depuis sa chambre d'un hôtel sélect pour célibataires, les grands rôles du répertoire, et s'imaginant, au rythme des feuilletons de la radio, à l'exemple de Garbo séduisant un monarque au charmeur accent français de Charles Boyer.

Gagnant son argent de poche avec des films publicitaires, revenant à Philadelphie pour les week-ends, Grace se glissait peu à peu dans les rassurants et soyeux contours de la jeune fille américaine dont rêvaient les magazines que lisaient ses parents.

En 1947, la famille Kelly partit pour l'Europe. John gardait un ressentiment violent et dissimulé à l'égard de l'Ancien Monde pour lequel il avait risqué sa vie durant la Grande Guerre et qui l'avait écarté des prestigieuses régates de Henley où il aurait dû faire merveille, sous prétexte que seuls des gentlemen qui n'avaient pas travaillé de leurs mains méritaient d'y être admis. Il attendait de son fils qu'il le venge en remportant le trophée que l'injustice lui avait refusé. Pour être digne de son père, Jack gagna donc la compétition des souvenirs amers et Grace en profita pour visiter l'Europe. Mais en fait, des sentiments différents coulaient sous la surface de l'harmonieuse unité familiale: Grace s'était imprégnée avec délice des charmes de la vieille Europe.

Lorsqu'elle revint à New York, les caméras l'attendaient, de moins en moins publicitaires et de plus en plus amicales et familières.

Sur la côte Est des États-Unis, la mode et le chic vivaient au rythme des élégances parisiennes réveillées par le *new look* de Christian Dior. Grace, qui avait assimilé lors de son séjour toutes les manières et le charme du Vieux Continent, devint, pour les magazines et les films des industries de luxe, le modèle de la beauté raffinée avec qui l'on s'embarque vers les plaisirs délicieusement surannés de l'*European style of life*. Quelques seconds rôles à Broadway avaient également attiré l'attention du monde du spectacle et la télévision naissante lui proposait ses premières dramatiques en direct. Elle profita de ses cachets pour revenir à Paris où des reporters d'actualité s'amusèrent à filmer ses surprises de jeune Américaine en goguette. Ainsi Grace, bien avant la vogue des voyages transatlantiques à répétition, apprenait la diversité du monde tout en demeurant elle-même d'un rivage de l'Atlantique à l'autre, Américaine décalée de la force brutale des

grandes villes des États-Unis, et Européenne éphémère au provincialisme teinté d'exotisme discret; finalement, toujours proche et toujours insaisissable.
Sut-elle alors qu'à Monaco le prince Louis venait de mourir ?

« Lorsque le prince Louis, mon mari, a rendu son dernier soupir, le prince Rainier était là. Il y avait aussi une dame d'honneur du Palais qui s'est approchée de lui pour murmurer un conseil. Le prince Rainier était presque encore un enfant, mais il s'est tourné brusquement pour lui dire : Allez Madame, c'est moi qui commande. »

Princesse Ghislaine de Monaco

La Seconde Guerre mondiale, emportant les ultimes reliques de la vie facile, avait plongé le petit État dans une obscurité où ne scintillaient plus que les diamants de quelques douairières esseulées prenant un dernier thé dans les salons désormais trop vastes de l'hôtel de Paris.
Pauvre et oubliée, la principauté, dont les pénitents de la Miséricorde conduisaient le vieux souverain vers sa dernière demeure, parviendrait-elle à trouver son nouveau souffle dans les mains jeunes et fragiles du petit-fils qui lui succédait, Rainier III ?
Au début du siècle, sous le gouvernement du prince Albert, océanographe savant et ami intime du Kaiser et de Poincaré, Monaco avait connu des heures brillantes, dont le prestige politique dépassait le cercle des mondanités élégantes. Le prince Louis avait ensuite pris la relève, alors que les temps difficiles de la grande crise compliquaient de rancunes et d'anxiétés la vie politique de son petit État.
Militaire d'apparence sévère, mais gentilhomme au cœur tendre, le prince Louis gardait la nostalgie de sa jeunesse aventureuse à la Légion étrangère, en Afrique, loin d'un père à la personnalité écra-

sante. Là, les ardents battements de cœur des cantonnements et des oasis avaient réservé à ce célibataire endurci l'agréable surprise d'une fille, dont il fit son héritière ; bienheureux égarement dont on oublia d'autant plus facilement la partenaire obscure, qu'il sauvait Monaco d'un rattachement à la France en l'absence de lignage déclaré. Et la princesse Charlotte, grain de sable venu du désert pour que s'étrangle l'avide gosier du coq gaulois, se révéla d'ailleurs plus qu'à la hauteur des espérances empressées que l'on avait mises en elle, en épousant rapidement un élégant représentant de la fine fleur de l'aristocratie du faubourg Saint-Germain. Puis ayant ainsi facilité le couronnement de son père et donné deux nouveaux héritiers indiscutables à la dynastie monégasque, Antoinette et Rainier, la princesse Charlotte prit congé de son époux et vécut librement.

La princesse héréditaire Charlotte.
Fruit d'un providentiel égarement de jeunesse du prince Louis empêchant in extremis l'annexion de Monaco par la France, Charlotte était belle, intelligente et fantasque. Ayant abandonné ses droits à la succession au profit de son fils Rainier, elle mena une vie brillante et sans préjugés excessifs jusqu'à sa mort, survenue il y a une dizaine d'années. La ressemblance avec Caroline, qui l'adorait, est stupéfiante.

Le prince Louis et la princesse Ghislaine, divorcée d'André Brulé et comédienne renommée pour ses interprétations de l'Aiglon, qu'il avait épousée sur le tard, n'ont pas transigé avec les occupants italiens et allemands. La princesse Ghislaine, figure méconnue et attachante de la famille princière, s'est éteinte tout récemment.

Tandis que le prince Louis tentait de protéger son État de la montée des périls européens, au rythme des rallyes automobiles, des martingales sans espoir des derniers gros joueurs et des émissions philatéliques, la princesse Charlotte, malgré les soubresauts d'un solide tempérament que n'étouffaient ni les objurgations de son père ni les appétits de ses multiples relations dans les mondes les plus divers, suivait avec attention les affaires de la principauté qu'elle avait contribué à préserver. Ainsi que l'éducation d'un fils qui en recueillerait un jour l'héritage. Et il reste encore maintenant bien plus que le souvenir de sa forte personnalité, à l'intelligence si aiguë et originale, dans le regard de certaine princesse du Monaco d'aujourd'hui.
Ainsi, le prince Rainier, après une scolarité en Angleterre et au Rosey, étudia le droit et les sciences politiques à Montpellier et à Paris, avant de recevoir la croix de guerre et la Légion d'honneur à titre militaire pour avoir participé à la Libération dans l'armée française. Mais ce curriculum brillant ne donne pas la mesure de la solitude qu'il éprouva souvent, et dont il garda une timidité tenace, induisant ses adversaires à oublier maladroitement qu'il avait aussi hérité le caractère et l'énergie de sa mère.
La famille princière opposa un front uni aux intrigues des occupants italiens et allemands, et le prince Louis, qui avait fini par se marier sur le tard avec une comédienne renommée devenue la princesse Ghislaine, organisa avec son épouse le ravitaillement de ses sujets et la protection secrète des fugitifs. Mais le malheur des temps avait épuisé

On croit tout savoir de Rainier : discret, habile, avec le sens du devoir et de l'autorité, il est le maître d'œuvre de la transformation de la Principauté et de son essor prodigieux. Mais on ignore généralement que cet homme timide, mal à l'aise en face des photographes, est doté d'infiniment de charme, conséquence de sa jeunesse triste, de sa politesse raffinée, et d'une inlassable curiosité envers autrui.

ses dernières forces et, un soir de mai 1949, la princesse Ghislaine fit appeler Rainier au chevet de son grand-père agonisant.
Rainier était désormais encore plus seul que pendant son enfance. La vie politique de l'État princier, ébranlée par les rigueurs de la guerre, réclamait des aménagements profonds, la monarchie absolue du souverain étant sévèrement contestée en ces temps de redistribution générale des cartes du pouvoir. Et Rainier cherchait, sans guère d'appuis ni de références historiques, une formule de gouvernement moderne qui pourrait protéger les traditions et rétablir le prestige international de la principauté. L'opérette qui avait charmé le monde n'exhalait plus que les plaintes étouffées d'un orchestre désaccordé dont le chef avait du mal à déchiffrer la partition nouvelle.

Grace Kelly : *"Vous a-t-on déjà fait une pareille offre ?"*
Cary Grant : *"Mais vous savez comme moi que ce collier est en toc."*
Grace Kelly : *"Oui, mais moi je ne le suis pas."*

La main au collet
A. Hitchcock 1955

En Amérique, la carrière de Grace progressait rapidement. Elle était ainsi devenue l'une des étoiles de la télévision naissante, additionnant les retransmissions en direct, école de l'entrain et de l'esprit d'à-propos dont elle retenait les leçons nouvelles. Néanmoins, une mélancolie tenace perçait sous ses gaietés de commande et Grace recherchait les rôles dramatiques, sans bien comprendre ce que demandait ce cœur inquiet qu'aucun succès ne contentait vraiment. C'est alors qu'une impresario d'Hollywood, Edith Van Cleve, lui proposa le rôle du *Train sifflera trois fois*. C'était cette fois la première vraie chance. Grace incarnait l'épouse quaker de Gary Cooper, shérif vieillissant et rangé, qui retrouvait l'usage de ses colts pour faire triompher le droit, bientôt rejoint par sa jeune femme acceptant à son tour, par amour, le recours à une violence salutaire. A la surprise générale, le film, efficacement réalisé par Fred Zinneman et soutenu par une musique lancinante, obtint un succès mondial. Le nom de Grace Kelly était désormais sur toutes les lèvres. Un autre vétéran, de la même génération que Gary Cooper, Clark Gable, le roi d'Hollywood, la demanda alors pour tourner une aventure africaine sous la direction de John Ford, *Mogambo*. La ressemblance de Grace avec Carole Lombard, dont la mort quelques années auparavant avait laissé Clark Gable inconsolable, éveilla la curiosité de la presse. Et lorsque Ava Gardner, dans l'inévitable rôle de la rivale féminine, entra à son tour en scène, suivie de Frank Sinatra à qui l'unissait un mariage tumultueux, les pontes de la Metro Goldwyn Mayer sentirent qu'ils s'étaient lancés dans une aventure aussi prometteuse qu'incontrôlable.

Clark Gable : *"Allez viens, prends un verre avec nous !"*
Grace Kelly : *"Que dites-vous ? Mais vous êtes ivre !"*
Clark Gable : *"Tu sais comment ça se passe, un safari ? Le chasseur a tous les droits ! Faut nous comprendre !"*

Mogambo *John Ford 1953*

Pour Grace, les enjeux étaient considérables, notamment parce qu'Ava venait de remporter un succès mondial en incarnant, sur fond de Riviera et de royauté, une danseuse de cabaret devenue « la comtesse aux pieds nus », personnage qui fascinait Grace par des flamboyants reflets d'Europe, de faste et d'aristocratie. On se retrouva dans la jungle, loin de tout et dans une moiteur d'enfer. Mais Clark Gable se contenta d'une attitude paternelle envers Grace, et Ava Gardner, qui disposait d'un fort contingent de machinistes et d'indigènes fort bien intentionnés à son égard et enclins à faire oublier les défaillances d'un Sinatra mis KO par le climat, se révéla très amicale, désarmante de fantaisie et de joie de vivre.
Si différentes en apparence, elles restèrent l'une et l'autre liées durant toute leur existence.
Les magazines tout de même s'étonnaient de n'avoir prise sur la nouvelle étoile et les redoutables commères d'Hollywood enrageaient de ne pouvoir nourrir contre elle leurs perfidies coutumières. En fait, Grace échappait à toutes les habitudes de la Mecque du cinéma, aucun directeur artistique ne parvenant à modifier son apparence, aucune compagnie ne réussissant à la lier par un contrat de longue durée, aucune liaison ne l'entraînant dans les récits hypocrites

des revues à grand tirage. On évoquait Garbo, on s'affligeait du départ d'Ingrid Bergman et Grace continuait à sourire, avec le mystère de l'innocence.
Tous ses partenaires gardaient d'elle le souvenir d'une présence à la fraîcheur miraculeuse et Clark Gable aurait bien aimé l'emmener avec lui à la kermesse aux étoiles, étape obligée des gloires hollywoodiennes lors de leur passage en France. Il se consola en découvrant une jeune actrice française dont la gaieté piquante résumait tous les charmes de la Parisienne : Giselle Pascal. Or, les hasards de la carte du Tendre avaient également placé Rainier sur le chemin de Giselle Pascal qui venait d'émouvoir la France entière avec un rôle d'aviatrice héroïque et sentimentale. La liaison qui unissait le prince et la comédienne faisait battre les cœurs sensibles ; le public féminin des salles obscures, se souvenant du précédent de la princesse Ghislaine qui était passée en d'autres temps avec une insouciance légère des planches du théâtre à la scène princière, retenait son souffle en attendant le moment où la belle intrépide viendrait se poser enfin sur le rocher de Monaco.

Grace Kelly et Ava Gardner, Mogambo, *1953 (John Ford).*
Tout aurait dû concourir à les séparer, mais elles furent amies leur vie entière et Ava Gardner resta l'une de ses rares relations d'Hollywood à garder ses entrées au palais de Monaco, jusque dans l'intimité des fêtes de famille.

Grace Kelly et Cary Cooper, Le Train sifflera trois fois, *1952 (Fred Zinneman).*
Son deuxième film et déjà le premier rôle féminin, et un succès international.

Grace Kelly et Cary Grant, La Main au collet, *1955 (A. Hitchcock).*
« Prima donna assoluta » de ce vieux pervers d'Alfred dont elle combla tous les fantasmes secrets, elle aurait dû hériter du rôle de Marnie qu'il avait imaginé pour elle seule, s'il n'avait eu l'imprudence de l'entraîner sur la Riviera pour leur troisième film et de la familiariser ainsi avec toutes les coïncidences qui en résultèrent.

Cependant, la situation politique qu'affrontait le jeune prince demeurait très précaire, et malgré les bonnes grâces du président Coty et de ses multiples gouvernements successifs, la France suivait avec une envahissante attention le désarroi financier du petit État. Pensant ne pouvoir avoir d'enfant, Giselle Pascal s'éloigna, tandis que Rainier accueillait dans une morne solitude retrouvée un sympathique mais très remuant sujet d'adoption dont le porte-documents fourmillait de projets pour la principauté : Aristote Onassis.
L'armateur grec, qui venait de prendre le contrôle de la Société des Bains de mer, principale puissance économique de Monaco, caressait notamment le rêve de faire un coup d'éclat en trouvant pour Rainier une épouse que lui envierait le monde entier : Marilyn Monroe. Mais Aristote Onassis était tombé dans le piège des approximations pudibondes qui opposaient Marilyn Monroe à Grace Kelly, comme le sexe à la vertu, et le plaisir à l'austérité.
Or, un metteur en scène d'origine anglaise, dissimulant sous une avenante bonhomie des tumultes de refoulements et de désirs inavoués, Alfred Hitchcock, ne pouvait détacher son regard de Grace. Il l'observait depuis fort longtemps en repassant constamment ses essais et ses films dans le secret obscur de son cabinet de projection privé, abandonné au plaisir solitaire d'une contemplation qui lui

révélait, un peu plus à chaque image, que la jeune comédienne si fraîche et si blonde, était à la fois précisément la vertu sublimée par le sexe et l'inverse.
En fait, à peu près tous les hommes d'Hollywood, de Ray Milland à William Holden, de Bogart au soir de sa vie à Gregory Peck, désiraient la nouvelle reine si virginale et si pure, qui glissait parmi eux immatérielle et nimbée d'élégance, incendiant brièvement les regards masculins de l'insaisissable et rapide éclat de ses yeux gris. Hitchcock fut le plus malin : elle accepta enfin de se faire posséder, par film interposé, et ils en retirèrent l'un et l'autre une satisfaction intense. Ils appartenaient en somme au même monde, celui des dompteurs qui ont apprivoisé cette bête fauve vivant dans leur chair, le désir, et qui affectent de la promener en laisse comme un animal de compagnie, l'agaçant pour qu'elle demeure vive et l'apaisant d'une caresse, en sachant qu'elle les protège s'ils sont plus forts et qu'elle les dévore s'ils s'y abandonnent.

Grace admit-elle alors qu'Oleg Cassini, vif et rusé renard des alcôves du grand monde, prenne le visage de l'animal frémissant ? New York hier, trop volubile, et Monaco aujourd'hui, trop silencieux, semblent le confirmer.
Mais déjà Hitchcock, qui trompait ses insatiables frustrations dans les restaurants à trois étoiles de la Côte d'Azur, la réclamait pour qu'ils repartent en compagnie de Cary Grant, autre aimable chasseur aux pulsions troubles et mystérieuses, à l'affût de la bête, afin de tenter de lui mettre la main au collet.
Le tournage fut délicieux. Grace prit le thé sur le yacht des Onassis, admira de loin le palais princier, en conduisant la limousine de la production sur la route de la corniche. Puis, ignorant les prologues et les répétitions du destin, elle s'envola vers Hollywood où se levait le rideau de la cérémonie des oscars.
Or, ses succès avaient été obtenus au prix de beaucoup d'efforts ; elle ressentait tout le poids de désillusions qui fait le quotidien des jours dans l'usine à rêves et elle percevait, après qu'Hitchcock lui eut permis de mieux se connaître, le nom de ses accès de mélancolie : la solitude. C'est pourquoi elle accepta une nouvelle fois de céder à

l'étrange fascination qui l'attirait sans cesse vers la Côte d'Azur, en répondant à l'invitation du festival de Cannes où le regard panoramique du jeune journaliste Pierre Galante cherchait à faire entrer le Carlton, la Croisette et le palais de Monaco dans un même plan en Scope-couleurs.

« Je venais d'épouser Olivia De Havilland. Comme elle parlait de Monaco avec Grace et qu'elle lui racontait l'histoire des Grimaldi, je l'ai sentie intéressée... non, plus que cela, séduite. Elle a dit à Olivia : j'aimerais bien me libérer pour y aller... »

Pierre Galante

Cependant, Pierre Galante tâtonnait encore à la recherche d'une nouvelle proie pour les colonnes de *Paris Match*, ses antennes de virtuose ultrasensible négligeant le menu fretin un peu trop vulgaire des aimables starlettes ; il comprit dès le premier regard que Grace était de cette chair si délicate et royale qu'il devait être le premier à jeter en pâture à la voracité de ses lecteurs. Cependant, il lui fallait trouver un écrin, un scénario et un partenaire pour que le festin soit parfait. Le souvenir des fameuses pâtisseries si élaborées et si légères de l'apparat monégasque vint alors illuminer son rêve de pièce montée.

L'intéressant projet touristique, que nul n'a proposé aux autres vedettes de Cannes et qu'avance fébrilement un sympathique journaliste inconnu, distrait Grace de l'agitation routinière du festival. Et puis son entourage affiche un air de rien un peu trop attentif qui avive sa curiosité au point qu'elle éprouve à son tour le vif désir de découvrir le dernier refuge de la Côte d'Azur qu'elle a si souvent frôlé sans l'atteindre ; et malgré la fièvre du succès qui l'entoure, elle cède le cœur soudain léger à l'obscure attirance dont elle ignore l'origine et monte dans la voiture de Pierre Galante, qui rapidement l'entraîne vers le palais ; une belle demeure somptueuse et vide où jouer un nouvel acte de la comédie des stars pour les photographes de *Paris Match*. C'était donc ça, le palais inaccessible dont le mystère l'avait intriguée ? Grace s'apprête à partir, un peu lasse. C'est alors que brusquement survient Rainier.

“Au palais, nos photographes purent opérer facilement. Le prince Rainier a surgi à l’improviste, alors que nous étions en train de partir. Elle avait déjà visité le palais, mais il restait les animaux. Quand il a caressé le plus beau, je crois que c’est à ce moment-là que ça a fait tilt.”

Pierre Galante

Dans l’avion qui la ramène vers les États-Unis, Grace se repose pour la première fois depuis longtemps et dans son rêve elle voit un tigre s’endormant comme elle sous la main affectueuse d’un prince au charme mystérieux des contes.

Reporter : *“Que s’est-il passé à Cannes ?”*

Grace Kelly : *“Tant de choses... Il me faut un peu de temps pour mettre de l’ordre dans mes souvenirs.”*

Grace Kelly et Jean-Pierre Aumont.
Furent-ils amoureux et peut-être plus encore ? Aujourd’hui discrétion absolue, et le charmant Jean-Pierre n’est pas du genre à livrer ce genre de confidences dans ses (excellents) livres de souvenirs.

À l’arrivée, la presse américaine accuse un net retard dans ses informations. Certes, Grace est attachée de longue date à Jean-Pierre Aumont par une amitié amoureuse, mais déjà son âme de perpétuelle jeune fille confond les exigences de son métier avec les désirs inavoués surgis de l'au-delà des mers. Elle a décidé de tourner *le Cygne*, un conte de fées en Technicolor, où la princesse d'un royaume de légende s'éprend d'un beau séducteur à l'accent français. Le cœur de Grace a-t-il rejoint Marie Walewska, ou s'est-il déjà envolé vers Monaco ? « Souviens-toi que tu dois être un cygne... glisse comme un songe blanc, silencieuse et majestueuse. » Grace connaît par cœur et depuis très longtemps le scénario de Charles Vidor ; mais s'il lui a permis de traverser Hollywood sans se trahir, n'a-t-il pas occulté le message qu'elle voulait transmettre au prince Rainier ? Alors que les pluies d'automne recouvrent Monaco, pense-t-il encore à elle ? Grace refait sans cesse dans son esprit la courte promenade sous les pins et les palmiers du parc princier, lorsque le soleil du printemps inondait de sa lumière la mer Méditerranée. Doit-elle lui écrire, lui téléphoner, tout cela n'était-il donc qu'un rêve ?

Grace Kelly : *"Je voudrais tant de choses... Vous dire tous mes secrets..."*
Louis Jourdan : *"Petite princesse !"*
Grace Kelly : *"Appelez-moi par mon prénom."*

Le Cygne, *Charles Vidor 1956*

Le Cygne. *Non, le monsieur moustachu n'est pas Rainier mais Alec Guinness. Pour le reste on s'y croirait déjà. Les contrats du film (amour, princesse et valses lentes) dataient d'avant la stupéfiante nouvelle, et les producteurs faillirent avoir un infarctus en imaginant les futures recettes. Mais le résultat fut décevant : le public avait déjà zappé sur Télé Monte Carlo.*

À Noël, contrairement aux traditions, Rainier vient aux États-Unis. Il propose de passer le réveillon à Philadelphie. Un élan de bonheur fou submerge le beau cygne éperdu. Cinq jours plus tard, leur décision est prise. L'annonce des fiançailles prend de court la presse du monde entier. Coup de tonnerre qui durera trente ans et d'où surgissent un Rainier timide et une Grace rayonnante. Désormais les rumeurs les plus folles courent à travers les magazines. Les chefs de la rubrique étranger redécouvrent Monaco et s'interrogent gravement pour savoir si la principauté ne va pas devenir une base américaine, des ménagères du Middle West plaignent Grace de devoir vivre désormais sous une tente de bédouin, en confondant Monaco et Morocco, et sur son palais flottant, Aristote Onassis, beau joueur, se dit que Rainier est décidément bien plus fort qu'il ne l'avait estimé. Mais toutes ces rumeurs n'ont pas de prise sur le couple vers qui tout New York a désormais les yeux braqués, et alors qu'ils assistent au grand bal du Waldorf Astoria, ils sont bien comme tous les amoureux qui enchantent la presse du cœur : seuls au monde.

Puis Rainier regagne l'Europe. Grace a signé depuis longtemps le contrat d'un nouveau film, dont le titre à lui tout seul fait saliver d'émotion les coriaces producteurs de la Metro : *Haute Société*. Le mariage a été fixé pour le printemps, soit une année après leur première rencontre. Grace a décidé de présenter la cérémonie des oscars. Elle paraît si heureuse que tout Hollywood imagine pour rassurer ses cyniques habitudes que les noces princières ne sont qu'un coup de

Mlle Grace Kelly, sensation du festival de Cannes, inverse les rôles pour les photographes. Ceux de Paris Match ne se donnent même pas la peine de répondre. Ils ont un rendez-vous autrement plus intéressant avec la jeune femme à quelques kilomètres de là.

maître en publicité, dont Grace se servira pour poursuivre son ascension fulgurante, alors que pour la future princesse, cette joie est celle de son adieu.

La famille Kelly au grand complet embarque sur le paquebot *Constitution*. Des armées de journalistes déguisés en touristes ou reconvertis à prix d'or en marins de fortune encombrent les ponts et les passerelles du navire empli à ras bord, et dans les soutes on entend le cliquetis des appareils photos d'étranges passagers clandestins. À Monaco, Rainier attend, partagé entre l'impatience de retrouver celle qu'il aime et l'inquiétude de l'accueil que lui réserveront sa turbulente famille et ses sujets monégasques, si prompts à la critique.

Pour Grace, malgré la constante pression des reporters, la traversée est un moment de calme où elle partage une dernière fois la vie de ses parents. Et puis elle se déprend d'Hollywood au fur et à mesure qu'elle s'approche de l'Europe. En fait, Grace, qui a tant voulu le métier d'actrice et qui a accueilli la gloire avec reconnaissance, n'a jamais aimé la ville du cinéma où elle se sentait étrangère. Le spectacle de l'avidité, de l'alcool, de la cruauté à l'égard de ceux qui se sont trompés ou dont le talent et la beauté déclinent l'a profondément blessée. Et s'il lui est arrivé de surcroît de se perdre parfois dans les attachements sans lendemain, poisseux d'intrigue et d'arrivisme qui allument d'un feu sombre la nuit des villas aux piscines trop bleues, c'est avec une soif violente de pureté, de bonheur et de bien-faire qu'elle rejoint le rivage du pays qui est devenu le sien, puisqu'il est celui de son amour.

Reporter : *"Quel genre d'épouse souhaitez-vous ?"*

Le prince Rainier : *"La meilleure !"*

Grace a vu la première le yacht de Rainier venant à leur rencontre à travers la houle levée par le mistral. Elle entend les clameurs de la foule massée tout autour de la rade et elle voit dans l'éclat du soleil les milliers de fleurs que les avions d'Onassis lancent sur la mer pour l'accueillir. Son premier élan est de se jeter dans les bras du prince mais elle sait que chacun l'observe et qu'elle doit une fois encore afficher le calme immuable du cygne. Sa capeline protégera ses yeux pour qu'on ne puisse y deviner ses larmes d'émotion. Lorsqu'elle s'avance enfin sur le pont du *Deo juvante*, glissant vers le cœur de son futur royaume, elle demeure un instant surprise par le silence soudain qui se fait partout autour d'elle. Les Monégasques, les touristes venus par milliers se taisent, saisis par la fabuleuse beauté de celle qui s'approche d'eux en souriant. Puis une immense vague d'allégresse entoure le bateau à l'instant où il accoste. Grace a eu peur. Et s'ils n'allaient pas l'aimer ? Mais Rainier se tient constamment auprès d'elle. Et parmi la foule en liesse, les salutations des officiels, les indications du protocole, dans une langue qu'elle ne comprend pas, elle entend toujours sa voix toute proche qui lui parle en anglais et la rassure, tendre et familière.

Rainier a voulu que le mariage renoue avec les fastes d'antan, ceux des heures glorieuses de Monaco, pour que le monde comprenne que la page des années tristes était définitivement tournée. Son sens de l'organisation a fait merveille et la presse, éblouie par la splendeur des cérémonies successives, en disperse les reflets sur le monde, réveillant l'orgueil national des Monégasques. Mais il sait aussi que dans l'ombre du palais la cérémonie privée de la présentation à la famille est nettement plus périlleuse. Déjà la princesse Charlotte, enveloppée de royautés étrangères, attend comme un redoutable récif.

Alors, la nuit, dans le palais silencieux, Grace parcourt l'interminable succession des salons d'apparat où trônent les portraits de l'inflexible dynastie des Grimaldi. Pirates furtifs, moines truculents et batailleurs, diplomates à cheval sur toutes les frontières, financiers ondoyants et lettrés philosophes : quelle place lui réservent-ils au fil de ce lignage qui est l'un des plus anciens d'Europe et qui a résisté à toutes ses convulsions ? Duchesse de Valentinois, de Mayenne, de Mazarin, princesse de Château-Porcière, marquise des Baux, comtesse de Carlades, de Torigni, de Ferette, de Thann et de Rosemont, dame de près de cent seigneuries, la petite Kelly avec sa fragile couronne de Technicolor, parviendra-t-elle à devenir tout cela pour qu'on se souvienne enfin de la princesse Grace ?

« Elle était blanche,
blanche, blanche, blanche,
impressionnante de blancheur. »

Princesse Ghislaine de Monaco

Un matin du printemps 1956 ... La plus fantastique super production sentimentale du siècle commence en grande pompe. On s'arrache les téléviseurs qui diffusent les cérémonies en direct et en eurovision ; les tirages des magazines s'envolent et les agences de voyages inscrivent fébrilement Monaco en première page de leurs dépliants. Grace en gardera un tel traumatisme que la presse sera prudemment tenue à distance pour le mariage de Caroline.

Les répétitions du mariage religieux sont difficiles. Grace ne parvient plus à se souvenir d'un scénario qu'elle aurait appris en un instant à Hollywood ; son père, agacé par le décorum, menace de donner des pourboires aux enfants de chœur, et l'essaim de la presse l'étouffe en bourdonnant à ses tympans. C'est une funambule ivre de vertige qui s'approche de l'autel, les yeux obstinément fixés sur l'unique résolution qui la maintient en équilibre : rejoindre l'amour de Rainier afin d'en être digne.

La Main au collet *et le centenaire de Monte-Carlo. Non décidément, impossible de penser que ce cher vieil Alfred n'avait pas tout deviné...*

Grace avait toujours partagé l'exigeante religion irlandaise des Kelly et il y eut dans son mariage avec un prince sincèrement croyant une dimension mystique qui n'avait pas échappé à l'industrieux père Tucker, le chapelain de Rainier. En abandonnant son ancienne vie, elle eut ainsi le sentiment de rendre son existence plus utile et de se rapprocher d'un idéal conforme à la morale qui avait imprégné son enfance. Rainier et elle ne s'étaient finalement vus que durant une vingtaine de jours, pour le très long chemin qui resterait à parcourir ensemble, et elle savait que, passé le fantastique élan du coup de foudre réciproque, toutes ses forces lui seraient nécessaires pour construire la famille qui les unirait indissolublement. Monaco, l'argent, la gloire et la couronne allaient-ils être des atouts ou des obstacles dans la main de la Providence ?

Le *Deo juvante* avait mis le cap sur l'Espagne où la presse ne disposait pas d'une organisation suffisamment solide pour les importuner. Le jeune couple était enfin tranquille. Mais en même temps Grace découvrait à quel point son mariage avait captivé tous les cœurs. Star, elle parvenait assez facilement à demeurer anonyme. Princesse, elle ne se déplaçait plus qu'au milieu de foules énormes, attentives à tous ses gestes, épiant la moindre de ses faiblesses. Il lui fallait aussi faire l'apprentissage de la politique, alors que Rainier rétablissait peu à peu le crédit de la principauté.

L'impact du mariage avait été également ressenti à Hollywood. Marilyn Monroe à son tour venait de briser le cercle du cinéma pour épouser un autre prince, des lettres cette fois-ci, Arthur Miller, et le milliardaire Mike Todd enlevait Liz Taylor aux feux des sunlights pour la couronner du fabuleux diadème de son royaume. Grace avait montré l'exemple, mais lequel d'entre les trois serait le plus durable ?

Lorsque Eisenhower s'enquit d'une prochaine naissance, Rainier mesura un peu plus tout le surcroît de prestige que Grace avait apporté à ses entreprises. Madame Kelly accomplit le grand voyage depuis Philadelphie pour assister à la naissance. Grace se sentait enfin apaisée et sereine tandis que se renouaient tous les fils de son existence. Et ainsi la venue au monde de Caroline sera toujours pour elle le moment de bonheur extraordinaire où sa vie a définitivement changé de cours.

Le baptême est entouré du décorum propre à Monaco. Le risque d'un rattachement à la France est cette fois bien écarté, et le bébé qui s'endort dans le berceau du Roi de Rome marque ainsi dès ses premiers instants le renouveau de la principauté.

À Philadelphie, John Kelly vieillit sans rien abdiquer de ses anciennes ambitions. Les succès de Grace le flattent mais il désirerait que son fils lui procure une revanche plus américaine. Ainsi Jack s'entraîne-t-il pour les jeux Olympiques avant de préparer une carrière politique dont le but est la mairie de Philadelphie. En vérité, l'héritier contraint se révolte sourdement contre les exemples de réussite dont son père l'accable. Son échec aux jeux Olympiques marquera le début d'une dérive de plus en plus incontrôlable, le conduisant à une fin prématurée et misérable, que Grace se reprochera toujours de n'avoir pas su prévoir.

La naissance d'Albert, promis à la succession de son père, accentue alors ses appréhensions concernant l'éducation de ses enfants. Grace connaît le message ambigu des radieux portraits officiels. Elle sait depuis son premier âge que les familles unies sont parfois cimentées par le pouvoir sans frein du père s'exerçant sur la soumission de la mère et les chagrins secrets des enfants, et comme plus tard, tout se disloque dans le ressentiment et le malheur. Mais si son enfance n'a pas été aussi heureuse que John Kelly voulait l'affirmer, celle de Rainier a été plus triste encore. Ils seront donc des parents attentifs et tendres, plus prompts à pardonner et à comprendre qu'à faire peur et à punir. A tel point qu'ils se sentiront parfois désarmés devant la vitalité de leurs filles dans le droit fil de celle de Rainier, et face à cette douceur obstinée qu'Albert tient de Grace.

Au tournant des années Soixante, Grace ressent brutalement les tourmentes qui s'abattent sur Monaco, menaçant une couronne dont la prospérité retrouvée éveille toutes sortes de convoitises. La visite au général de Gaulle, séduit par le charme, l'esprit d'à-propos et le délicieux accent de Grace, paraît comme un sommet de la reconquête de l'identité de Monaco par son prince. Elle sonne en fait plutôt le signal d'une instabilité intérieure et d'une guerre douanière dangereuses. Le général s'inquiète des évasions fiscales considérables que pratiquent les capitaux français à partir de Monaco et une tentative de contrôle politique plus étroit de la principauté suscite la résistance résolue de Rainier. On menace de couper l'électricité et le téléphone, la constitution est suspendue. C'est le moment que choisit Aristote Onassis pour régler également ses comptes avec Rainier. Le prince lui a depuis longtemps échappé, si tant est que l'armateur ait pensé un jour parvenir à le contrôler, mais il persiste à peser sur le fonctionnement de la Société des Bains de mer. Or, Aristote Onassis gère la puissante organisation selon les intérêts contradictoires de son vaste empire, et il rêve désormais d'établir pour Maria Callas un royaume de l'art lyrique dont le centre serait précisément l'admirable opéra de Monte-Carlo dessiné par Garnier, qui lui appartient. Sans nier l'intérêt du projet, Rainier trouve que cela fait tout de même un peu trop de fortes personnalités pour ceindre des couronnes différentes dans un État aux dimensions si modestes. Bien du monde en vérité s'agite autour de Monaco, et la mafia de Palerme, qui a pris pied à Marseille et à Nice, frôle également de plus en plus souvent les rivages jusqu'alors inaccessibles du jeu et de l'argent.

Les tensions qui règnent à Monaco ont insinué une discrète fêlure entre Grace et Rainier. Elle se reproche de ne pas être assez active, il lui reproche de l'être trop. Des vacances en Amérique leur apportent la distance nécessaire tout en leur permettant de se rapprocher. Et puis, chaque fois que Grace tient ses enfants contre elle, la mélancolie tenace qu'elle éprouve fréquemment s'éloigne. Rainier, cependant, envisage leur retour avec une certaine inquiétude. Or, Alfred Hitchcock vient de débarquer à Monaco, comme s'il avait senti l'appel d'une lassitude secrète, avec un projet de film où ses idées sur la perfection voulue et le mal inconscient témoignent curieusement de l'image qu'il se fait de la star qu'il a préférée à toutes les autres. Grace est tentée par le rôle qu'elle envisage comme un exorcisme et une évasion. Le refus de Rainier est net. Rien ne filtre des discussions qui se déroulent au palais et où il apparaît que le film de Hitchcock n'est que le prétexte à des conversations plus profondes et peut-être plus cruelles. C'est Tippi Hedren finalement qui deviendra Marnie, l'élégante névrosée, voleuse et frigide. On peut imaginer que les Monégasques n'auraient pas compris.

La mort brutale de John Kelly, laissant ouvertes les plaies de la rancœur et du remords non formulés, accentuent le sentiment d'isolement de Grace. Son entourage repère où se trouve désormais la petite fille qui était si souvent ailleurs : dans un tiède royaume désenchanté où elle porte en silence la couronne de la mélancolie. C'est alors que Grace a le réflexe de vouloir se rendre en Irlande, à la source même de son histoire familiale. L'accueil officiel est chaleureux, la ferveur publique plus vive encore. Et là peu à peu, alors qu'elle parcourt les landes misérables où souffrirent ses ancêtres, Grace découvre une harmonie intérieure nouvelle. C'est en retrouvant sa fierté originelle et en redevenant Kelly qu'elle pourra enfin être vraiment Grimaldi.

Caroline, Rainier, Albert aux funérailles de Grace. Un si grand chagrin...

Tout de même cet équilibre demeure précaire, et la succession des jours l'érode insidieusement, rapportant déceptions chagrines et accès d'idées sombres. Si les Monégasques ont maintenu leur indépendance, c'est parce qu'ils peuvent être rudes sous des abords aimablement méditerranéens. Grace les conquiert un à un par son inlassable attention à chacune de leurs existences. Mais c'est un travail long, difficile et qui demande beaucoup d'efforts. La société internationale des palaces et des salons d'honneur des aéroports, dont la présence est nécessaire à la principauté, aime les intrigues et les mots cruels. Elle ne ménage ni les naïvetés positives ni l'honnêteté foncière mais doucement provinciale de la princesse américaine. Et puis toujours, la presse, les caméras, autour de Caroline et d'Albert, à chaque déplacement. Une troisième naissance survient en ces temps doux-amers. Elle en portera la marque.

Grace est certes un peu plus forte mais la vie de la principauté survoltée par la prodigieuse prospérité que Rainier lui a apportée, est aussi plus astreignante que jamais, et la princesse doit tant donner d'elle-même, pour la vie monégasque et toutes les activités internationales qui reposent sur elle que le découragement parfois la terrasse. Et elle accueille ses quarante ans avec le sentiment, trompeur et cependant diffus et insistant, de ne pas avoir fait tout ce que Rainier attendait d'elle ; le regret d'avoir vu certains de ses rêves fléchir devant des réalités plus puissantes, s'ajoutant à des songes et des appréhensions bien plus anciens. Le centenaire de Monte-Carlo lui révèle une fois encore son erreur et lui donne l'occasion de mesurer à quel point chacun lui sait gré de tout l'amour dont elle est si prodigue. Ses conseils contribuent alors à apaiser Rainier : la guerre larvée avec la France s'éteint. Onassis s'éloigne sans fracas.

Son cœur si prompt à l'inquiétude observe cependant l'affirmation rapide de la forte personnalité de Caroline. Remarquablement intelligente et volontiers rebelle, généreuse et passionnée, romanesque et parfois mélancolique, la petite princesse semble résumer dans son insatiable vitalité tous les caractères des Kelly et des Grimaldi, au confluent exact des personnalités de son père et de sa mère. Or, la presse, qui a remarqué en elle depuis les premiers jours une étoile de première grandeur, la poursuit sans relâche, désorientant ses élans et flattant ses incertitudes. Grace redoute, comme un écho de sa propre émotivité dans ses relations avec autrui, son adolescence prochaine que des reporters attendent en rangs serrés et de pied ferme. Ainsi, le pire tant redouté peut advenir. C'est le visage inondé de larmes que Grace voit Caroline se jeter, innocente et volontaire, dans le naufrage d'un mariage condamné, dès l'origine. Le souvenir de la princesse Charlotte, qui en avait vu d'autres et à qui Caroline ressemble si fort, parviendra-t-il à la sauver, là où sa mère est déchirée par le sentiment si injuste et si habituel d'avoir échoué ?

Tant d'années maintenant se sont écoulées ! Auprès de ses enfants qui ont hérité de sa beauté lumineuse, de leurs qualités et de leurs faiblesses, Grace est désormais sereine puisqu'elle sait qu'ils auront encore besoin d'elle, comme les Monégasques qui l'adulent, comme Rainier, si fort et si vulnérable et dont l'amour n'a jamais voulu cesser de battre au rythme de leurs cœurs demeurés juvéniles. Vivre encore, longtemps, longtemps pour être utile à ceux qui ont soif de tendresse, d'élan et d'harmonie.

*“ On raconte une malédiction qui frappe les princesses de Monaco.
Six princesses de suite ne pourront atteindre l'âge de cinquante ans au palais.
J'étais la cinquième, et veuve, j'ai quitté la principauté avant d'atteindre cet âge.
Grace était la sixième. Je lui disais toujours qu'il ne fallait pas croire
en ce genre de choses, puisqu'elle avait franchi ce cap.
Mais elle prenait alors un air mystérieux pour me répondre que Dieu
était seul juge. Je me rappelle très bien notre dernière conversation à ce sujet.
Elle est morte quelques semaines plus tard. ”*

Princesse Ghislaine de Monaco

Dans l'histoire éclatante des fastes de Monaco, il n'y eut jamais cérémonie plus émouvante que celle qui entoura la princesse Grace à l'heure de son départ. Un immense remords y rejoignait les sanglots de la mémoire brisée, et alors que le soleil de ses noces dansait encore sur la mer, glissant jusque vers l'autel où elle avait apporté une première fois sa vie et où ne reposait plus que son corps aussi pur qu'au premier jour, le dernier royaume des rêves, en fléchissant sur lui-même, découvrait la douleur.

Caroline enfant s'amusait, en lui disant qu'elle la croyait parfaite, à trouver les seuls mots qui pouvaient mettre sa mère en colère, puisque Grace, qui craignait tant de périls pour les autres, redoutait seulement pour elle-même d'être séparée du monde. Aujourd'hui Caroline aimerait tant pouvoir lui dire à quel point elle était sincère lorsqu'elle jouait ainsi avec son cœur. Mais elle sait que c'est impossible, à moins de lancer sa vie nouvelle sur ses traces.

LUCHINO VISCONTI

« Il faut tout changer pour que rien ne change. » Que de fois Luchino Visconti a-t-il réfléchi à cette phrase mystérieuse, tirée de ce Guépard *du prince de Lampedusa dont il fit un des plus beaux films de l'histoire du cinéma ! Et comme elle éclaire le mouvement de toute sa vie !*
Aristocrate et révolutionnaire, riche et communiste, homme de famille et solitaire, homosexuel et amoureux des femmes, dilettante et travailleur acharné, on ne peut épuiser la liste des contradictions apparentes qui l'ont conduit à accomplir une œuvre exemplaire par sa force et sa cohérence. Et si chacun de ses amis dans de multiples mondes possède ses propres images de Luchino Visconti, comme le montre un très beau livre de Laurence Schifano, aucune ne parvient à nous le rendre exactement tel qu'il fut.
Et peut-être est-ce impossible ? Et peut-être est-ce naturel car Luchino Visconti fut ainsi l'infatigable déchiffreur de la complexité des temps modernes rejoignant enfin la vieille Europe : celui qui embrasse tout et cherche les repères d'une morale pour l'avenir.
Restent les écrits, les mises en scène et les films et puis aussi le manque. Il n'y a pas eu d'autre Luchino Visconti, depuis sa mort le monde est toujours aussi difficile à comprendre. Comment faire sans lui, l'homme du grand passage ?

“ Tu pleures ? Mais enfin
pourquoi mon petit amour ?
Ils s'amusent... Tu les entends ?
De quoi rient-ils ?
De quoi rient-ils ? ”

Anna Magnani, Bellissima 1951

En cet hiver de 1960, où des caméras glissant à travers les lourds brouillards d'un Milan nocturne allaient à la rencontre des pauvres types du Sud, égarés au seuil du miracle italien dans la stupeur infligée par la gifle glacée de son climat d'indifférence, Luchino Visconti eut-il le sentiment d'être parvenu enfin au but du long voyage personnel qui l'avait conduit depuis les palais aristocratiques d'une saga très ancienne jusqu'à ce peuple de l'Italie de toujours, titubant entre les salles d'attente de l'histoire, les parcours en troisième classe et les quais de gare d'un terminus obscur ?
En inclinant son regard que tant de gens n'osaient soutenir par crainte et par respect, vers Alain Delon, le messager silencieux à la beauté fabuleuse qui l'avait reconduit jusqu'à sa ville natale, et en éprouvant l'humilité et la tendresse que l'on porte au jeune frère inconnu et retrouvé dont la pureté est bien plus violente que tous les chagrins du monde, eut-il aussi l'espoir de voir des yeux mélancoliques, tranquilles, aguerris de foncière innocence, découvrir et aimer la vérité la plus intime de son être en lui rendant sa place parmi les hommes ?

“ Voyez-vous les « Messieurs », comme vous dites,
ne sont pas faciles à comprendre. Ils vivent dans un univers particulier
qui n'a pas été créé directement par Dieu, mais par eux-mêmes
durant des siècles d'expériences très spéciales.
Ils se troublent ou se réjouissent pour des choses qui pour vous
comme pour moi n'ont pas plus d'importance qu'une puce,
mais qui pour eux ont une importance vitale,
car elles sont liées à leur patrimoine de souvenirs,
d'espérances et de craintes propres à leur classe. ”

Père Pirrone, Le Guépard 1963

Peut-être ?

Et cependant à quelques mètres du logement misérable de Rocco et à 53 ans de l'échange entre un maître redouté et son élève docile, comme il se trouvait loin dans l'espace et le temps, ce palais des princes Visconti, ducs de Modrone, où naquit l'enfant Luchino !

Au changement de siècle, Giuseppe Visconti, l'aristocrate ami des rois, et Carla Erba, l'héritière d'une immense richesse, y avaient vécu le plus fervent des mariages d'amour, béni par de nombreux enfants accueillis avec joie comme autant de gages d'une fortune fidèle.

Au sommet de l'Italie nouvelle du pouvoir et de l'argent, et au cœur des relations mondaines et des arts, n'étaient-ils pas les hôtes infatigables d'un temps de raffinement et de progrès qui paraissait appelé à ne jamais se perdre au-delà du grand cercle étincelant et protégé de leur passion réciproque ?

Avec ses frères et sœurs, accompagnés d'une noria de gouvernantes et de domestiques, Luchino perçut ainsi les premières lumières et les rumeurs du monde, à travers celles d'une fête permanente, où les couleurs du faste, les perspectives à perte de vue des salons, le bruissement soyeux des robes de bal se confondaient avec le scintillement des parures et les accords d'une musique à l'harmonie perpétuelle.

Et ainsi confondit-il longtemps son aube avec le soir, sa famille avec la société et le plaisir d'être présenté aux invités de ses parents avec le trouble mystérieux qu'éprouve l'enfant qui ne sait pas encore, au contact des plus beaux d'entre eux.

La famille Visconti vers 1900 (ci-contre) et une scène de Mort à Venise, *soixante ans plus tard (page 43). L'hiver au palais de Milan, l'été au bord des grands lacs, l'arrière saison à Venise, l'Autriche-Hongrie de Sissi et la Bavière de Louis II sont aussi proches que Rome et Naples. L'histoire vient du Nord si les premiers désirs appellent vers le Sud. Avec le temps des souvenirs, Tadzio n'a plus que ses sœurs, et son père est en voyage, mais entre Carla et Silvana l'image de la mère demeure toujours la même.*

Mort à Venise, *1971.*

Comment aurait-il pu en être autrement alors que la perspective des antichambres se perdait à l'infini de l'opéra à la Scala, dont son père était le mécène si inspiré qu'il y soutint toujours Toscanini ? Puisque là où le génie frénétique du maître faisait monter d'ineffables béatitudes, à la ferveur toujours renouvelée, l'enfant Luchino et sa famille à qui l'on servait à dîner dans leur loge, retrouvaient l'âme même de l'histoire encore toute palpitante d'insurrection patriotique de cette unité italienne dont ils étaient les élus.

Pour Giuseppe Visconti, familier des mélancoliques et tenaces hivers de Venise plutôt que des flamboyants étés de Florence et de Naples, les souvenirs exaltants des « Viva Verdi !* » unissant le souverain de la musique et Victor-Emmanuel, roi d'Italie, se teintaient de nostalgie diffuse à l'égard de ces grands rois de l'au-delà des Alpes dont l'empreinte séculaire suffoquait encore l'enchantement secret qui avait salué leur départ et leur exil.

Et lorsque Luchino voyait ses parents revenir de la saison des bals auprès des Savoie de Rome, il sentait à travers leurs récits de ces fastes compassés et un peu trop neufs, la mémoire de la caresse légère de la cour de Vienne dont la main Wittelsbach, fantasque et charmante de Sissi, avait su à Milan même velouter un temps le gant de fer des Habsbourg.

* Verdi se disait pour les révolutionnaires de l'Unité italienne, en hommage au roi libéral du Piémont, comme les initiales de Victor Emmanuele Re D'Italia.

En somme, si les monarques du Phénix Italie étaient les souverains de famille, ceux des Aigles de Schönbrunn et de Munich, régnaient encore sur la carte des voyages et des rêves. Et Giuseppe Visconti, infatigable architecte de nouveaux palais composites, dessinait les allées de ses parcs vers le nord d'où seul pourrait surgir le fantomatique attelage des traîneaux de Louis II de Bavière.
Luchino sentit ainsi que l'on pût vouloir glisser d'une grandeur à l'autre, posséder la force de l'avenir en s'inclinant devant l'agonie du passé, vivre la fraternité italienne avec le romantisme d'Allemagne.
Mais enfin, les rois de Bavière cernés de maîtres de forges et de militaires prenant leurs ordres à Berlin, étaient bien vieux et n'avaient pas hésité à écarter Ludwig. Les enfants subissent les chimères de leurs parents et les comprennent aussi comme des faiblesses en se demandant s'ils devront plus tard les partager ou les combattre. Et qui sait que cette fêlure aiguise leur regard en leur révélant leur solitude ?

« Ils s'ennuyaient toujours entre eux, tu comprends. Alors pour combattre l'ennui, il n'y a qu'un remède, c'est d'enfreindre les règles, tu ne crois pas ? Sans le crier sur les toits, bien sûr, avec discrétion. »

Tancrède, Le Guépard 1963

Peu à peu, Luchino discernait aussi qu'il pouvait exister un autre monde au-delà des murs du palais familial, qu'il faudrait affronter sans le secours des songes de son père et de sa main serrée sur la sienne. Il le voyait bruisser dans les rues que parcourait l'équipage aux armes de la famille, et respirait le parfum de ses passions au cinéma où les gouvernantes l'emmenaient parfois avec ses frères et sœurs.
Les Visconti s'intéressant à tout ce qui était nouveau et de fantaisie, Donna Carla ne craignait pas que ses enfants se mêlassent aux divertissements modernes.

Ainsi, *Cabiria*, pēplum muet spectaculaire et macabre lui parut délicieusement incompréhensible et excitant, scellant dans un lieu et par un plaisir également obscurs, son premier véritable contact avec le peuple.
Il y avait retrouvé l'écho de cette curieuse énigme où le mariage de ses parents semblait désormais se défaire. En effet, Giuseppe Visconti disparaissait de temps à autre et Donna Carla, généralement si calme et si maîtresse de toute la maisonnée, consumait alors ses attentes dans une sorte de lassitude fiévreuse rappelant à Luchino les flamboyants égarements des mélodrames de Francesca Bertini.
Et ainsi, au long des vacances d'été au palais de Donna Carla, à Cernobbio, sur le lac de Côme, il pouvait mesurer encore mieux qu'à Milan ce que signifiait sa solitude entourée d'enfants. Il en voulut à son père dont les infidélités la faisaient souffrir, et il en voulut à sa mère pour cette préférence de femme délaissée.
Puis il conçut pour elle cet amour violent par lequel un fils voudrait être le seul homme des désirs de sa mère, écartant les autres femmes pour éviter de trahir à son tour, recherchant secrètement les autres hommes pour être à l'image de celui qui sut être le plus chéri, et s'accrochant aux images faussement candides d'une perpétuelle enfance où ils seraient l'un à l'autre pour toujours.
Cependant la violence des hommes les obligeait à vieillir. La guerre était entrée au palais de Milan où Donna Carla soignait les blessés comme les fils d'une famille clandestine qu'elle aurait enfantés dans le peuple au cours d'une vie différente. Et le petit garçon Luchino trompait une jalousie inquiète et coupable, troublée par la promiscuité et l'abandon de certains soldats convalescents qui lui parlaient de femmes à voix basse tout en dévisageant avec insistance sa grâce enfantine, en s'enivrant des écrits et des actes héroïques de Gabriele D'Annunzio, le poète combattant que divinisait l'Italie tout entière, alors que son père s'obstinait à le trouver matamore et vulgaire. Autant de raisons pour l'admirer avec enthousiasme. Le petit homme au crâne rasé n'avait-il pas survolé Vienne pour y jeter des tracts de propagande en déjouant les escadrilles ennemies ? N'était-il pas ce meneur d'hommes intrépides autour de qui se rassemblaient de jeunes officiers en uniformes impeccables pour une aventure exaltante où la perspective de mourir ensemble rejoignait celle de n'être jamais séparés ?

Et si, pour Gabriele D'Annunzio, la guerre était cette chance suprême où tous les élans se confondent dans l'amour de la patrie, pour Luchino, elle était ce mystérieux désordre où nul ne s'interroge sur leurs épanchements indécis.
Luchino lisait ses poèmes sans relâche, collectionnait les vignettes de la *Domenica della Serra* qui lui étaient consacrées, et fredonnait ces chants patriotiques que le génie de l'Italie parvenait encore à colorer de cette douceur mélancolique qui bouleverse le cœur d'un adolescent penché à la fenêtre pour observer une colonne de jeunes soldats montant lentement vers le front dans la douceur d'un soir d'été, tandis que se rapproche la canonnade autrichienne.
Ainsi, Luchino n'oublia jamais D'Annunzio et tant pis pour ceux qui l'auraient mal lu et auraient parlé de mauvais goût, car il était en vérité, celui de sa jeunesse même, à la saveur d'inquiétude vague, d'isolement craintif et d'exaltation confuse.
À son image, l'Italie s'éloignait d'une interminable enfance en hésitant parmi les recours susceptibles de la protéger contre la vertigineuse liberté de l'âge adulte. La classe ouvrière réclamait Lénine, et les Visconti s'étonnaient de constater que c'étaient les mêmes foules anonymes qui s'agenouillaient devant le train portant au Panthéon un soldat inconnu avec qui Luchino aurait pu se baigner au Lido de Venise et que l'on entendait depuis le palais, brandissant le poing sur la place du dôme, avec les clameurs de la révolution sociale.
Mais l'incertitude régnait aussi à Rome tandis que s'approchait le cortège des regrets et des blessures serti de couronnes qui ne saluaient l'avenir qu'en forme de sépulture. Le roi, comme tant d'autres, confondit alors l'économie d'une transformation radicale, avec l'avarice d'un faux-semblant sanglant : le fascisme de Mussolini.
Les domestiques sont revenus du front ; ils ont repris leur service et portent une chemise noire le dimanche. Allez maintenant enterrer vite ce héros sans visage, rapportez les fleurs à vos maîtres, et dites-vous bien qu'en somme rien n'a changé, même si un jeune garçon de seize ans pleure encore en lisant ce que D'Annunzio a dit des ravages de la guerre, séparant les couples qui se sont trop aimés.
Luchino apprit lentement la vérité sur son père, et comme sa mère, s'était lassée soudain de pardonner toujours. Giuseppe Visconti à la manière de certains de ces héros de Marcel Proust qu'il venait de découvrir avec exaltation, avait glissé peu à peu vers ces amours

qu'une femme à tant de mal à comprendre, surtout quand un palefrenier ou un chauffeur de maître se présentent devant une épouse avec des lettres pour réclamer, en ricanant avec insolence, le prix de leur silence. Et comme c'était étrange pour le fils de voir son père le rejoindre en vieillissant, là où il avait pensé être seul pour consoler sa mère d'un chagrin inavouable dont ils étaient désormais clandestinement complices.

« Il adorait Shakespeare, Tchekhov et Verdi. »

Luchino Visconti sur lui-même

Luchino Visconti, années 30.
Le jeune entraîneur de pur-sang qui traîne son élégance à travers l'Europe gagnée par la violence et la vulgarité du fascisme, n'a pas encore choisi entre toutes les voies qu'il explore lentement. Mais il est vrai que sa beauté l'incite encore à se croire invincible et à repousser à plus tard le temps des décisions.

Décidément, les jours des joies enfantines n'étaient plus qu'un souvenir et la paix retrouvée, un sommeil lourd de mauvais rêves et de manques.
Ainsi, la mort de Puccini laissa Luchino curieusement désemparé. Les héros de Verdi faisaient partie de la famille tandis que les petites sœurs de Mimi avaient toujours été reléguées à la cuisine.
Or, justement la grandeur des cœurs simples et le don d'amour de ceux que l'on néglige éveillaient la complicité du jeune aristocrate qui discernait maintenant la nature profonde de son désarroi, et arpentait de plus en plus souvent ces escaliers de service de la société où se croisent les exclus du grand salon.
Mais une sorte de vertige l'y prenait aussi souvent : il devança l'appel, fut apprécié de ses chefs et redouté de ses hommes, eut des liaisons de

garnison avec des veuves de héros et des tournées de clandés avec des camarades de régiment. Il crut se sentir mieux à l'abri des préjugés de caste et de l'arrogance militaire.

La passion des chevaux lui donna alors l'illusion de pouvoir prolonger encore cette fuite de lui-même : c'était beau, c'était cher, c'était noble et on s'y tenait au galop au-dessus du pas des autres hommes. Or, le fascisme triomphant multipliait les symboles d'un rêve industriel et moderniste et une partie considérable de l'élite artistique et intellectuelle s'associait sans remords à ces légendes futuristes en leur donnant parfois une sorte de grandeur poétique irréelle. Tièdement ralliée, foncièrement indifférente, suffisamment riche pour ne pas avoir à remercier Mussolini pour les Fiat qui encombraient ses garages, la famille Visconti traversait les temps nouveaux comme un yacht de croisière, qui n'a pas besoin d'accoster le rivage, et Luchino à qui ses parents désunis ne demandaient ni projet ni diplôme, s'exilait tranquillement à la campagne en élevant ses pur-sang, le regard tourné vers le passé et les grands prix.

Il y mena élégamment et sans remords inutiles la grande vie de toujours, loin des villes où les ouvriers de surcroît ne font plus grève et à l'écart des grandes routes où ils s'obstinent à s'adonner à des amusements vulgaires sur des petits chevaux de fer, bien à leur mesure et à l'écart de ce qu'ils ne pourront jamais atteindre. Qu'est-ce qu'une bicyclette pour qui ne chevauche que des étalons.

Il lui fallut un drame pour comprendre brutalement comme le snobisme de l'adresse recouvrait mal la médiocrité de l'impasse. À la suite d'un caprice, par sa faute, son chauffeur, un jeune sportif comme ceux dont il se moquait avec d'aveugles railleries, se tua dans un accident, le laissant seul face à un insupportable sentiment de culpabilité : il n'était donc qu'un vain aristocrate de plus, trop riche et trop titré, que la lâcheté de sa relation au monde avait enfermé dans cette morgue et cet égoïsme qui n'apportent que du malheur aux autres.

Il voyagea, changea de vie, se mit à lire de plus en plus et fit lentement l'apprentissage d'une honnêteté nouvelle. C'est ainsi qu'il découvrit Thomas Mann.

En explorant les fractures où se brisait l'ancien monde et d'où s'éloignait la société nouvelle, l'écrivain allemand laissait à chacun le choix d'une vie responsable.

Et puis Thomas Mann, marié et avec des enfants, ne trichait pas au contact des émotions et des tentations que Luchino subissait dans la honte, réfrénait par le mensonge, et pratiquait en secret.
Au souvenir de certains récits et de certaines images longtemps occultées, il partit pour l'Allemagne, et là dans l'incognito de la fête berlinoise, on perdit souvent sa trace.
Les dernières convulsions de la République de Weimar jetaient la nuit, dans les dancings et dans les bars tous les condamnés de la morale oppressive, profitant fébrilement, comme des évadés qui savent que la police est sur le point de les reprendre, de ces plaisirs que redoutent et haïssent les pouvoirs forts, car ils traversent sans frein les classes sociales et y portent les idées de liberté en installant à leurs marges des refuges de tolérance fraternelle.
Puis vint la catastrophe. Luchino ne savait pas encore grand-chose, il crut que la fête continuerait sous d'autres formes. En un sens, c'était vrai, mais elle était devenue un requiem sadique, ne conduisant qu'à la souffrance et au vide.

“ *Nous ne sommes pas aveugles, mon cher père.*
Nous sommes seulement des hommes.
Nous vivons dans une réalité mouvante à laquelle nous cherchons à nous adapter comme les algues qui plient sous la poussée de la mer. ”

Le Prince, le Guépard 1963

Ainsi, cette part de lui-même qu'il avait commencé à admettre pouvait affermir la lucidité de son jugement sur le monde et lui donner la force de vouloir le transformer, comme elle pouvait aussi induire parmi ses hésitations et ses faiblesses des répressions implacables et des fascinations morbides, selon qu'il serait courageux ou lâche, franc ou pervers.
Or, Luchino continuait à sillonner l'Allemagne sans oser encore choisir, le regard obstinément fixé sur cette violence virile dépravée dont Hitler se servait pour mieux acquérir la toute-puissance servant ses desseins diaboliques.

Luchino Visconti chez Horst à Hammamet. La maison sur ce rivage existe toujours et depuis le beau parc préservé on y aperçoit encore au loin la Médina et ses remparts malgré les hôtels qui ont poussé tout autour. Mais il y a longtemps qu'elle a changé de mains et personne ne paraît s'y souvenir des anciens propriétaires et de Luchino Visconti.

Et sa culpabilité, son masochisme, de jeune aristocrate italien sans idéal clairement défini l'incitaient à contempler complaisamment le dictateur parcourant à coups de bottes ces palais industriels de la famille Krupp qui ressemblaient tant à ceux de Milan et de Turin où régnaient famille et alliés. Il n'avait pas encore renoncé à se venger de ce qu'il ressentait comme une malédiction obscure et cette humiliation le renvoyait au plaisir funèbre des complicités de l'impuissance et du mal.

C'est alors qu'il rencontra Horst, aux allures de beau gosse fixant d'un regard amusé tout ce qu'il pourrait arracher au grand désordre. Le sentant disponible, le jeune photographe allemand surgi d'une origine obscure jusque dans les prestigieux bureaux de *Vogue*, l'entraîna aussitôt dans sa maison d'Hammamet où d'élégants viveurs internationaux résistaient à leur manière absente à l'extension de la peste brune. Horst avait profité de toutes les circonstances et pratiqué tous les mondes avec ce mélange de ruse et de morale qui fonde les grandes carrières. Ses photos étaient belles, et son insolence sans limites.

Au début, Luchino fut profondément choqué par son usage allègre du plaisir avant de s'abandonner peu à peu à l'amusement du soleil, de la conversation et de nuits singulièrement agitées où Horst mélangeait continuellement le sexe avec l'intelligence.
Il fallait bien que Luchino comprit où sa vérité intime devait le conduire. Leurs conflits étaient violents, mais Horst ne désarmait jamais. Haïssant le fascisme et cette image du «condottiere» que diffusaient les films de Cinecittà dont il retrouvait la creuse impuissance dans le comportement de Luchino, il ne cessait de forcer son amant jusque dans ses névroses les plus refusées. La guerre d'Éthiopie, dont Luchino suivait les sombres développements chaque soir à la radio avec un patriotisme puéril et dévoyé, les conduisit ainsi au plus près de la rupture.
Mais alors, en sentant qu'il allait perdre Horst, tout ce qu'il venait d'apprendre, la vraie vie en somme, Luchino s'arracha soudain au chemin de traverse où se perdait la folie des assassins qui ont peur.
Il paraît qu'il pleura seul pour la première fois depuis longtemps, la nuit sur la plage. Mais Horst l'attendait déjà en riant, avec un appareil photo et un verre de whisky à la main.
À trente ans, Luchino venait de devenir un homme, d'un autre genre peut-être : celui qui va au monde.

“Quand j'arrivai à Paris, j'étais encore une sorte d'imbécile, pas exactement fasciste, mais inconsciemment influencé par le fascisme.”

Visconti

Horst et Nathalie Paley.
Maître de ses penchants, de ses amitiés, et de sa carrière, Horst est devenu le photographe de mode que se disputent les gloires artistiques de Paris. Et il n'est pas question pour lui d'oublier la séduction et l'insolence qui lui ont permis de découvrir son talent.

Ils repartirent pour Paris où Horst, en gros, n'ignorait rien ni personne. Et notamment, une femme de sa trempe, irrégulière comme lui aux cloisonnements de société, Gabrielle Chanel.
Luchino devint son ami d'autant plus facilement qu'elle aimait les aristocrates en transit d'un univers à l'autre et qu'elle avait aussi à peu près l'âge de sa mère.
Horst en profitait à sa manière toujours surprenante: accusant en folâtrant Luchino d'être devenu l'amant de Chanel, il le trompait sans remords avec une princesse fantasque à la beauté d'héroïne de roman russe: Nathalie Paley.
Décidément, la vie de Paris ne ressemblait en rien à celle de Milan et de Berlin, mais Horst venait de lui donner une dernière leçon en l'incitant à ne jamais rompre le commerce des femmes. Même pour un témoin chevronné, tout cela demeurait assez compliqué malgré tout, car ils passaient ensemble beaucoup de temps aussi auprès du travesti Barbette, mystérieux Américain qui se prenait pour Jean Harlow, afin de piquer la curiosité des cercles élégants dont Jean Cocteau était la luciole frénétique.
Le poète, de son côté, était très attiré par ce jeune aristocrate italien, si réservé, qui savait réciter par cœur des pages entières de Proust, de Gide et de Thomas Mann et dont on ne savait au juste ce qu'il pouvait bien faire d'autre que courir les dîners, écrire ou dessiner des décors et des costumes pour de nébuleux projets de spectacles et de films.
En vérité, ses intentions demeuraient vagues et Luchino paraissait vouloir surtout apprendre Paris comme une encyclopédie des comportements et des idées. Ainsi Cocteau l'entraînait-il à sa suite, chez Marie-Laure de Noailles ou dans ces bas-fonds amusants et poétiques où se produisait l'un de ses amants préférés, le boxeur noir Al Brown dont il rêvait de faire une vedette de jazz.
Après plusieurs séjours, Luchino ne s'étonna plus d'avoir trouvé sa vie d'avant si médiocre et si fade. Mais il était surtout décidé à ne plus jamais en reprendre le cours sans relief ni perspective. D'autant plus que des nervis du fascisme avaient assassiné des résistants italiens, les frères Rosseli, en plein Paris, et que le Front populaire désignait désormais clairement à ses yeux où se trouvaient la justice et l'avenir.
C'est ainsi que Jean Renoir le connut à son tour, en fit son assistant, son ami, une sorte de fils. Horst lui avait enseigné la vie, Renoir lui

révéla la nécessité de lui donner un sens en transmettant la force de ses qualités personnelles par le biais du travail et de l'art.
Cependant, cet éveil et cet élan d'énergie qu'il venait d'éprouver pour rattraper enfin le temps perdu butaient sur la ténébreuse machine de guerre du fascisme, devenue folle à l'approche du conflit. Et si les mises en scène totalitaires qu'il avait décidé de combattre lui faisaient maintenant horreur, il se sentait bien faible pour un affrontement très inégal. La lecture acharnée mais clandestine de Thomas Mann, indomptable exilé dont les nazis brûlaient les livres, et les conseils de Renoir avaient beau renforcer sa volonté, il se savait seul désormais, alors que sa mère tant aimée venait de mourir, que les contacts avec Paris étaient espionnés et dangereux, et que Horst avait gagné l'Amérique dans l'enthousiasme de nouvelles aventures.

Or, ses contacts avec le cinéma italien avaient toujours été superficiels, tandis que la vulgarité fasciste y exerçait un pouvoir sans partage, soigneusement installé par Mussolini, et sous le contrôle étroit, apparemment bonasse mais manifestement apeuré du propre fils du Duce, Vittorio.
Comment parviendrait-il à se glisser entre les films de propagande à la gloire du régime et les comédies de téléphones blancs qui exaltaient celle du sentimentalisme pleurnichard et de la bêtise à l'eau de rose ? Il s'avança un peu, pour voir de plus près. Et la situation lui parut plus complexe et moins désespérée. Ainsi Assia Noris, la nouvelle diva en qui se reconnaissaient midinettes et jeunes filles de bonnes familles, n'était pas une mauvaise actrice, et de bons scénaristes et des techniciens expérimentés savaient raconter à travers l'histoire de Dora Nelson une intrigue astucieuse où chacun pouvait observer les fragiles frontières d'un statu quo entre le régime et les cinéastes.
Vittorio Mussolini lui-même, avec la revue *Cinema*, dont il était le rédacteur en chef, et le magistère qu'il exerçait sur les studios, laissait travailler sans rien dire des gens qui aux yeux du fascisme étaient peu sûrs : une actrice très populaire Anna Magnani, des critiques réputés rouges venus de la caricature ou de la presse clandestine, De Santis, Antonioni, Fellini ; le séducteur absolu des écrans, Vittorio De Sica, rétif à tout embrigadement et trop amateur de la vie pour se contenter

des cérémonies en chemises noires, l'intelligentissime Roberto Rossellini qui avait signé un beau film militaire, alors que l'on savait très bien où le portaient ses amitiés, et puis encore Alida Valli, cette petite fiancée lumineuse de l'Italie profonde qui préférait les pauvres types et les déserteurs aux sombres aboyeurs de service.

Il avait pris ses repères et choisi ses alliés. Rédigé avec De Santis et des scénaristes communistes, le scénario d'*Ossessione*, inspiré du *Facteur sonne toujours deux fois*, était le récit d'un meurtre passionnel. La censure violemment hostile renifla l'assassinat du fascisme par l'Italie des pauvres et des intègres, mais Luchino avait bien retenu les habiles manipulations dont Horst s'était si bien rendu maître pour parvenir à ses buts. Les amants de la vérité purent ainsi passer entre les mailles et accomplir le meurtre libérateur que l'écrasante majorité des Italiens attendait avec impatience.

Ossessione venait d'annoncer avec une puissance stupéfiante l'effroyable agonie du fascisme et le temps de massacres et de chaos d'où surgirait une Italie radicalement différente.

Durant tous ces mois d'incertitude extrêmement dangereuse où le Duce retranché dans le Nord s'accrochait au fantomatique pouvoir criminel que lui avaient octroyé les nazis, alors que les forces alliées remontaient lentement depuis le Sud, Luchino ne cessa de participer à la Résistance, parcourant les maquis, glissant entre les mains des fascistes qui l'avaient arrêté et torturé, filmant avec les moyens du bord les otages fusillés par les enragés, les collaborateurs lynchés par la foule, l'humiliation et la vengeance de la misère, l'insurrection souvent cruelle, parfois injuste, à tout moment nécessaire d'un peuple à qui des images enfin vraies de lui-même rendaient une dignité première après vingt ans de honte, de viol et de mensonge.

Un bourreau fasciste que l'on arrache au tribunal avant de le jeter dans le Tibre sous les invectives de femmes surgies du monde antique et un autre qui sait déjà ne devoir attendre aucune merci pour ses crimes, tel était ce premier et terrible visage de l'Italie libérée qu'il scellait de pellicule de marché noir; sans vaciller pour qu'elle pût le contempler à jamais comme l'exact miroir de ses épreuves et de ses terreurs. Avec aussi dans ces images enfin réelles, quelque chose de la

compassion que l'on doit à celui qui entend venir la mort, et silencieusement s'y prépare.
Luchino avait lui-même témoigné à ce procès des tortionnaires de la police qui s'étaient auparavant provisoirement saisis de lui, sans parvenir à trouver les mots de haine qu'il sentait monter dans les rangs du public parmi les femmes qui se levaient pour mieux voir et les gardiens indifférents et pressés d'en finir.
Il pensait à son frère aîné tué à El-Alamein en criant un dérisoire « Vive le Roi ! » au moment d'*Ossessione* ; au chagrin qu'il avait alors ressenti au point d'interrompre le tournage durant plusieurs jours.
Cette mort inutile et puis cette autre qu'on préparait devant sa caméra en la disant de justice, et toutes les autres encore, les lâches et les courageuses, et celles qu'il avait côtoyées de si près qu'elles avaient bien failli le prendre ; il se disait : il faut que j'en fixe les images, car elles sont le prix qui ne doit pas se perdre de toute cette liberté que je cherche depuis toujours.
Et si nous avons tant souffert de subir et d'infliger la mort, c'est aussi pour cela, pour que cette fulgurante rencontre avec le peuple et la révolution permette entre tant d'autres choses qu'un homme puisse en aimer un autre, désirer son étreinte, vivre et dormir auprès de lui.

Carla Calamaï : *"Quand as-tu su que tu me plaisais ?"*
Massimo Girotti : *"Tout de suite, en te demandant à manger. Et tu n'as pas répondu."*
Carla Calamaï : *"Tu ne me quitteras pas, dis ! Même pour repartir sur les routes."*

Ossessione 1942

*« Mes forces ne sont pas très grandes, mais je suis hors de danger.
J'assure à tous les camarades que le moment venu,
je serai à nouveau à mon poste de travail. »*

Togliatti

Avec Anna Magnani, ouvrant le chemin de tous les cœurs du monde aux femmes de Rome, il était devenu le symbole même de ce cinéma moraliste autour duquel se cristallisaient les idées essentielles du renouveau. Aussi avait-il publiquement pris parti pour la République, abandonnant l'ami de sa jeunesse Umberto de Savoie à la tristesse de l'exil, comme on tue un frère pour un autre avec une part désormais refusée de soi-même.

Et malgré les ricanements des conservateurs qui le traitaient de renégat, son engagement auprès des communistes était sans équivoque et son admiration pour leur chef, Togliatti, active et fervente.

Il se sentait vivre depuis si peu de temps, après tant d'années de stérile repli sur soi-même à l'abri des usages et de l'argent de sa famille : son existence ne pouvait être que de révolte contre ce à quoi il avait failli se soumettre, et il se devait d'inciter la société tout entière à suivre le même chemin que lui, en sachant que la lutte serait difficile et cruelle : ne venait-on pas de tenter d'assassiner Togliatti, le nouveau père qu'il s'était choisi dans cette famille recommencée qu'il pensait avoir rejointe : la classe ouvrière ?

Cependant, son désir de fondre son existence même, parmi celle du peuple ne pouvait se limiter au prolétariat des grandes villes. Au Sud, en Sicile, la vie des pauvres était bien différente et son assistant Francesco Rosi lui parlait longuement de ces bandits d'honneur comme Salvatore Giuliano que les carabiniers traquaient à travers l'opaque manteau de silence d'un indéracinable archaïsme ; Robins des Bois qui n'eurent pas la chance de devenir Corléone en Amérique.

Ses amis communistes avaient certes bien des théories pour expliquer le retard du Sud, mais il sentait que, pour cette société de Moyen Age, ses propres habitudes féodales lui fourniraient des clefs et des repères qu'il était seul à posséder. C'est ainsi qu'il partit pour la Sicile, alors

que la terre aride venait d'accueillir le corps de Giuliano en tremblant encore des salves qui l'y avaient couché.
Et durant cet hiver-là, de la fin de 1947, il se sentit particulièrement apaisé et heureux, bien que sans trop l'admettre, parmi ces pêcheurs misérables d'Ali-Trezza que la société moderne punissait d'une misère encore plus grande pour avoir voulu être un peu plus libres, car, à l'inverse des apparences pour les savants de la ville, ils étaient exactement ses frères et du même monde.

« Il faut bien avouer que même les rafales de vent purificatrices traînent avec elles beaucoup de saletés. »

Prince Salina, Le Guépard 1963

Le tournage de La Terre tremble, *1947.*
Au contact de l'Italie du sud, Luchino Visconti découvre un monde archaïque dont la noblesse et la misère rejoignent ses habitudes féodales et ses prises de position révolutionnaires.

Cependant, les arrangements de la reconstruction économique le ramenèrent bientôt à la clarté des analyses marxistes. Les hauts fourneaux de Krupp, où les nazis avaient, à la manière de Cabiria, consumé tant d'esclaves, venaient de récupérer leur maître, malgré la condamnation de Nuremberg, et Gianni Agnelli, héritier de la Fiat scintillant d'esprit de conquête se mariait avec une femme de sa trempe, au milieu de l'apparat et du respect que l'on portait à leur toute-puissance retrouvée.

Le jeune dynaste de Turin et le tyran sans mémoire de la Ruhr n'étaient certes pas semblables, mais pour Luchino, ils étaient dans le même camp : celui du capital qu'il affrontait sans merci alors que l'y attachaient encore tous ses cousinages et bien des habitudes.
Car, en effet, Luchino n'avait pu rompre entièrement avec son clan : sa sœur Uberta, ses palais, son argent, ses manières avaient imprégné son être de sorte telle que Togliatti préférait en rire et l'accepter malgré ses dénégations maladroites et furieuses.
En marge de sa classe d'origine, de sa classe d'adoption, et puis aussi de la sexualité commune, Luchino se servait aussi de cette situation comme d'une chance pour aiguiser encore une exigence foncière devenue pessimiste.

En ce sens, il était comme son amie de cœur, Anna Magnani, que son intuition physique et naturelle, ses motivations humaines avaient conduite aux mêmes conclusions : ainsi, avec le début du miracle italien ce n'était pas seulement les riches qui se renforçaient, mais c'était aussi le peuple qui se dissolvait en une multitude de petits-bourgeois en devenir, avec toujours le même résultat : la trahison des plus pauvres.
Cependant, Franco Zeffirelli, son assistant, ainsi que les jeunes comédiens à qui il donnait leur première chance au théâtre, dissipaient encore les craquements de la duperie des cœurs fidèles. Les uns et les autres aimaient en effet tout ensemble la scène pour le peuple, la séduction des femmes et Luchino Visconti leur maître. Élans juvéniles où Marcello Mastroianni et Vittorio Gassman lui apportaient la primeur de leur âge avec tant de fougue et de confiance qu'il put bouleverser entièrement les habitudes, les contours et le fonctionnement du théâtre italien. Une cellule bien vivante en somme de la révolution rêvée.
Et dans ses mises en scène d'après Cocteau ou Sartre, le jeu de ses comédiens était si violent et si sensuel qu'on eût dit qu'ils lui offraient chaque soir en public cet amour auquel ils regrettaient de ne pas savoir consentir autrement.
Ainsi, les premières étaient accueillies dans un bourdonnement de polémiques et de scandales, orchestrées par les vociférations indi-

gnées de la démocratie chrétienne. Mais Luchino s'en moquait, tandis que s'affirmaient à travers lui les monstres sacrés de la scène italienne : Rina Morelli dont le charme et la gentillesse foncière cachaient une exigence qui n'avait d'égale que la sienne, ou Paolo Stoppa, subtil comploteur de sentiments avec l'apparence d'un tranquille bourgeois du XIXe siècle. Tout le monde répétant jusqu'à l'aube sans chauffage et dans la fièvre, avec café et cigarettes.

Attirés par les écarts du printemps romain, survinrent Tennessee Williams et ses reparties au *Diamant noir*, avec Marlon Brando qu'on avait le plus grand mal à retrouver dans toutes sortes de bars de la via Veneto où il levait des cours éphémères de gigolos et de call-girls.

L'euphorie avait été légère ; elle ne leur résista guère. Il revint au cinéma et au scénario de la trahison : *Senso*.

La révolution sociale s'était enlisée comme celle de l'Unité italienne du siècle passé au rivage du capitalisme en plein essor. Et la montée des égoïsmes avait aussi rejeté les différences d'amour dans leur relégation séculaire.

En disant : « je m'en doutais, c'est encore une histoire de tantes », Brando avait vu juste, mais c'était un peu trop brutal et honnête pour le rôle. Farley Granger était plus allumeur et plus veule. Et c'était ce que recherchait Luchino pour que la forfaiture fut exemplaire.

En abandonnant ses origines et sa patrie, pour la passion d'un homme qui était son ennemi et qui la méprisait, avant de le dénoncer pour une mort honteuse, la comtesse Serpieri renvoyait en effet tous les pouvoirs et toutes les certitudes qui s'étaient servis d'elle avec la brutale arrogance de l'aristocrate qu'elle n'avait jamais cessé d'être.

Et sur le visage suffoquant d'Alida Valli qu'un surcroît de raffinement pervers voilait des mousselines de sa mère, Luchino avait inscrit la tentation de sa propre trahison homosexuelle, à l'égard des hommes qu'il ne pouvait posséder comme à l'égard des femmes dont il s'était retranché, hors d'un idéal social qui s'éloignait de plus en plus.

Au Parti, les staliniens firent évidemment la grimace, mais enfin Togliatti voulut bien croire au prétexte de la métaphore ; l'engagement de Visconti valait bien le pardon que l'on feint d'accorder aux artistes.

Cependant, la beauté du film avait aussi délivré Luchino, son énergie retrouvée pouvait maintenant le conduire auprès de Maria Callas.

Luchino Visconti et sa sœur Uberta.
Décidément les bases rouges et les militants communistes italiens ne ressemblent pas à l'idée que l'on s'en fait dans Vogue, a dû penser Horst en prenant cette photo lors de l'un de ses passages éclairs à Rome.

« À un certain moment, elle est tombée amoureuse de moi. C'était une invention de son esprit, mais comme beaucoup de Grecs, elle avait une attitude possessive qui la conduisait à vouloir que je dirige jusqu'au moindre de ses pas. Je n'ai pu que lui pardonner, car elle faisait tout cela d'une manière merveilleuse. »

Luchino Visconti
à propos de Maria Callas

Ils s'étaient souvent croisés dans le passé, intimidés et pudiques comme deux fiancés qui font exprès de retarder le jour de leurs noces. Puis Toscanini ayant jeté ses dernières forces pour leur assurer la Scala, ils s'élancèrent l'un vers l'autre pour une rencontre dont la splendeur ne fut jamais égalée.

Maria Callas n'avait jamais été heureuse, autrement qu'avec la musique et sur scène où chacun des manques et des échecs de son passé s'évanouissaient soudain et Luchino l'avait compris bien sûr, puisque son histoire était la même.
Et avec les lumières de la rampe pour repousser un peu plus loin les frontières du monde réel, les décors de Lila De Nobili comme un refuge idéal, ils eurent ainsi le sentiment inespéré de ne plus être seuls

ni dévoyés sur le chemin cruel de leur mauvaise vie. Mais ce fut aussi peut-être un peu trop tard et Luchino la vit s'éloigner seule, vers d'autres opéras, sans parvenir à retenir cette main de petite fille qu'elle voulait mettre dans la sienne, juste une dernière fois, avant d'entrer en scène.

« N'oublie jamais les femmes, elles ne te décevront pas comme nous-mêmes », lui avait redit Horst, au cours de l'une de ses visites dont Luchino regrettait toujours la brièveté. Maintenant, il se demandait où et à quel moment il avait perdu cette mémoire, puisqu'il n'avait pu retrouver ces gestes d'un homme qu'elle attendait aussi de lui.

Oh, bien sûr, elle ne pouvait lui en vouloir, car personne ne l'avait autant aimée jusqu'alors, mais puisque cet amour l'avait conduite à son zénith et qu'elle était encore plus exigeante et plus forte que lui, il était temps de tenter autre chose : devenir une femme comme les autres par exemple.

Évidemment, c'était triste aussi ce départ vers l'inconnu après des joies si belles, mais s'en aller n'est-il pas une manière d'être fidèle quand on a eu le meilleur et que l'on ne veut rien connaître du reste ? Tout de même, elle se souvint longtemps des mouchoirs parfumés qu'il laissait sur scène pour qu'elle sentit sa présence, accompagnant son regard de myope et protégeant sa démarche de somnambule.

Luchino avait ouvert avec *Ossessione* le temps de la libération et du néolibéralisme. Maintenant, c'étaient Federico Fellini et Michelangelo Antonioni qui exploraient avec leurs caméras l'amère douceur de vivre et l'oppressante aventure du miracle italien.

À ce moment, le plaisir et l'enthousiasme enveloppaient encore le cinéma et devant la fontaine de Trevi où se baignait Anita Ekberg, toute une humanité de paparazzi en lunettes noires, de princes décavés aux Ferrari impayées, et de beaux gosses de la rue rêvant à une riche touriste américaine, contemplaient jusqu'à l'aube en ricanant de désir les humides évolutions de la voluptueuse sirène blonde pour dancings et noceurs de fond.

Tandis que des multitudes bourgeoises ayant travaillé quinze ans pour s'enrichir avec une sorte de hargne obscure découvraient enfin sur le visage à la fois mélancolique et neuf de Monica Vitti, les appels, les élans, les mots d'amour qu'elles n'avaient jamais eu le temps ni le courage d'échanger, au cours de leurs vies trop matérielles et infirmes d'émotions.

Et si Michelangelo Antonioni et son étoile avaient su conjurer si bien l'éclipse des sentiments, alors que brillaient dans la rue les larmes de joie de la fête romaine et dans les appartements de luxe les tristes adultères de la nuit, où se trouvait donc encore la place de Luchino Visconti et des flambeaux de la révolution sociale brandis par des garçons ambigus ?

Luchino Visconti et Coco Chanel, années 50.
Souvenirs de Paris et d'une amitié qui ne s'est jamais éteinte.

Maria Callas dans la mise en scène de La Traviata *par Luchino Visconti.*

Au long de ce terrain vague entourant la grande ville et que personne ne veut plus voir, alors qu'Abel et Caïn s'y battent et y souffrent encore, peut-être ?

Sur les mains brutales et le visage fermé à la violence vaine de Renato Salvatori, dans les yeux d'une innocence rebelle et tendre qu'Alain Delon porte sur son frère dévoyé, au plus près du corps violé dans les ordures et dans la boue d'Annie Girardot ?

Vous qui pensiez, gens d'Italie ou d'ailleurs, habitués des festivals ou spectateurs anonymes d'une salle de quartier, que le monde a changé et qu'il est devenu plus riche et plus heureux, ne vous étonnez pas si les cris de douleur de la femme française qui vend son corps près de la gare et dans les faubourgs de Milan vous déchirent soudain le cœur, et si les poings sans haine d'un petit boxeur qui sc bat pour quelques milliers de lires et le rêve d'un retour à son Midi natal vous font si mal, car en vérité ce monde est toujours aussi pauvre et Rocco aime une femme.

Alida Valli et Farley Granger, Senso, *1954.*

Garçons affectueux et fraternels auxquels on s'attache d'autant plus facilement qu'ils ne veulent pas de cet amour, compagnons beaux et veules qui ne se prêtent que pour le plaisir de séduire et pensent déjà à autre chose ; il n'y a de choix qu'entre le manque et la trahison ; femmes conquises et trompées savourant leur vengeance comme le vrai plaisir, à moins qu'elles ne s'enfuient à tout jamais blessées et défaites. La décadence est un état d'âme avant d'être une réalité sociale.

Marcello Mastroianni au théâtre entre T. Williams, Cocteau et Luchino.

Vous avez bien sûr le droit d'aimer aussi notre joie d'être ensemble, le charme et la nostalgie de notre entente, l'élégance et l'éclat du succès qui nous entoure, mais n'oubliez pas que toute cette beauté et cette apparence de bonheur naissent uniquement du fait que je suis seul. Les passions de l'âge mûr sont tout aussi violentes que celles de la jeunesse, mais on sait mieux les maîtriser et transformer l'échec en un surcroît de vie. Et puisque Alain Delon et Romy Schneider pensent

sans cesse l'un à l'autre, ce serait tout perdre que de vouloir les séparer. Luchino Visconti est peut-être le tyran dont parlent les comédiens et les producteurs, mais il sait ce qu'aimer veut dire : donner et unir plutôt que prendre et faire souffrir.
Et s'il se tient à l'écart, c'est aussi parce que les marges sont le domaine personnel où il peut garder chacun sous son regard avec cette belle histoire qu'il a reçue d'eux sans qu'ils y prennent garde, et qui désormais au studio, sur scène, ailleurs encore, toujours et partout, lui appartient.
Nul ne connaîtra jamais ce que ressentit vraiment Luchino Visconti, pour le jeune acteur inconnu dont il fit l'une des plus grandes étoiles du cinéma d'aujourd'hui, ni ce qu'ils partagèrent d'une rencontre dont rêvent encore bien des apprentis comédiens qui n'auraient

Alain Delon dans Rocco et ses frères, *1960.*
Luchino Visconti ne chercha plus Rocco, dès sa première rencontre avec le jeune comédien qui connaissait déjà une ascenscion fulgurante en France. Mais il restait en somme beaucoup de choses à lui apprendre pour qu'il retrouve une grâce et une innocence passablement malmenées par sa vie aventureuse. Docile et inspiré, Alain Delon se prêta aux exigences du maître ; il avait instinctivement compris que Rocco le ferait entrer dans la légende du cinéma en fixant les repères de son propre mythe.

Romy Schneider dans Boccace 70, *1962.*
Elle était l'immortelle Sissi d'un vaste public de cœurs tendres qui réclamait sans cesse de nouveaux épisodes ou d'autres succédanés lacrymaux. Amoureuse d'Alain Delon depuis le tournage de Christine, *elle redoutait de trouver en Luchino Visconti le rival impérieux qui la renverrait à ses pâtisseries viennoises. Elle tomba sur un père qui sut s'effacer avec élégance tout en la libérant à jamais de ses rôles conventionnels. Paradoxalement Luchino Visconti aimait la série des* Sissi *et offrit plus tard à Romy d'en incarner une version différente dans* Ludwig.

pourtant ni les élans ni la grâce nécessaires pour la vivre. Alain Delon ne doit qu'à ceux qu'il a aimés et qui sont morts, leur secret magnifique. À Rome, dans ces années-là, venaient aussi beaucoup de jolies filles qui avaient lu dans le journal l'histoire de Gina et de Sophia, et qu'un type des studios avait appelées chez leurs parents après une soirée de patronage dans un théâtre de quartier, en parlant d'essai, de cinéma et de tous frais payés. La plupart repartaient bientôt chez elles avec un cendrier d'hôtel et un lot de cartes postales avant de demander à leur mère qu'elle fasse changer le numéro du téléphone ; certaines devenaient la confidente de la méchante reine dans un péplum ; et puis, il y en eut une qui ne ressemblait à aucune autre.

Sur elle, on ne savait pas grand-chose, si ce n'était que la Vides lui avait signé un de ces contrats très secrets et très rares où l'on comprend que les producteurs sont décidés à mettre le paquet. Toujours souriante, répondant aux paparazzi avec une voix rauque et tendre, qui ne disait que des jolies choses réservées et timides en donnant aussitôt envie de la protéger pour toujours ; avec une manière de marcher comme en visite et une autre de relever la tête comme une reine en exil : Claudia Cardinale.

Dès le premier instant où il la vit, Luchino l'aima comme s'il se fût agi de sa fille. D'un seul regard, il avait tout compris, la candeur griffée par un premier amour sans lendemain, l'enfant secret que l'on va voir chaque jour en se cachant des reporters, la banlieue de Tunis quittée à regret parce qu'il faut refaire sa vie, l'âme noble et le cœur pur. Quelque chose qu'il n'avait jamais vu qu'en sa mère et qui soudain était revenu le prendre.

Rien ne le touchait plus alors que de découvrir chez d'autres un reflet de sa propre famille. Ainsi, Burt Lancaster l'atteignit au cœur lorsqu'il s'aperçut avec surprise qu'il lui ressemblait comme une sorte de frère. Il avait toujours rugi aux producteurs qui hasardaient le nom de l'acteur américain avec une feinte indifférence, qu'ils pouvaient le laisser à ses films de trapéziste et de gangster. Et maintenant après avoir accepté en maugréant de le voir, il se retrouvait presque intimidé en face d'un prince, certes de Hollywood, mais qui pouvait régner comme lui-même sur Milan ou la Sicile, et puis aussi sur les mêmes nuits que les siennes.

Le subtil mécanisme intérieur qui lui donnait envie de tourner s'était remis en marche. Il avait trouvé ceux qui pourraient suivre et

Claudia Cardinale, Le Guépard, *1963. Parlez aujourd'hui de Luchino Visconti à Claudia Cardinale, et vous sentirez aussitôt la belle voix rauque se voiler encore un peu plus, de gratitude, de souvenir et de chagrin.*

comprendre les ordres de sa tyrannie et permettre au *Guépard* de témoigner pour lui de ses amours sublimées et de sa nostalgie pétrifiée au spectacle de la fin d'un monde.

> « *Après, ce sera différent, mais pire. Nous avons été les guépards, les léopards et les lions ; nous serons remplacés par les chacals et les moutons ; et tous, léopards, guépards, lions, chacals et moutons continueront à croire qu'ils sont le sel de la terre.* »
>
> *Prince Salina,* Le Guépard 1963

En effet, tout ce pourquoi il avait voulu vivre jusqu'alors était en train de se défaire, à l'heure où l'on portait au dernier carré des camarades les cendres de Togliatti.

On peut désirer la fin d'une caste à laquelle on appartient et en ressentir brutalement le deuil lorsque disparaît à son tour le plus valeureux de ses adversaires, celui qui avait admis qu'on changeât de camp, compris que ce pût être difficile, accepté qu'il fallût se comporter en allié indulgent et discret.
Le prince Salina avait reçu sans révolte apparente la chute des Bourbons de Sicile, mais il s'était refusé à rallier l'Italie nouvelle et cette mort lui avait infiniment serré le cœur. Luchino Visconti était allé beaucoup plus loin en appelant les drapeaux rouges à défiler devant son palais de Milan, mais il n'avait jamais été tout à fait sûr d'être parfaitement accepté par ceux qu'il avait rejoints, tout en continuant à vivre comme si la lutte des classes s'était arrêtée au seuil de sa chambre où il regardait chaque soir le portrait de sa mère en robe de bal avant de s'endormir. Mais enfin, si mille kilomètres, quatre règnes, une république et plus de dix siècles avaient toujours séparé pour lui Milan de Palerme, c'était le même amour pour un peuple unique et rassemblé qu'ils avaient éprouvé tous les trois, le Prince Toglialli et lui.

« Je suis un représentant de la vieille classe dirigeante et j'appartiens à une génération infortunée, à cheval entre les temps anciens et les temps nouveaux, qui se trouve mal à l'aise dans les deux. »

Prince Salina, Le Guépard

Car qui refuse de croire en l'espoir d'un monde meilleur quand celui dont on dispose ne vous accorde qu'un regard de crainte ou de mépris ?
Et maintenant Togliatti s'en allait en emportant dans le soir de Rome où claquaient les bannières et se dressaient les poings d'une révolution manquée, les souvenirs de la Résistance avec les vestiges des puissances mises à bas, la jeunesse de Luchino avec ses regrets et ceux du *Guépard*.
C'est peut-être cela, le commencement de la vieillesse, cette confusion et ce chagrin aux multiples visages, qui soudain vous assaillent.
Et puis encore, à l'heure des Brigades rouges, cette difficulté à comprendre que d'autres s'enragent à vouloir tout détruire, dans une guerre de bombes et de terreur, les acquis fragiles de la paix civile, et les rares certitudes d'un ancien combat moins aveugle et moins douteux.
Il tourna *l'Étranger*, mais le film fut incompris et refusé. Ce n'était pas la faute de Mastroianni, et sans doute pas non plus la sienne, peut-être plutôt celle d'un titre où l'on avait lu ce qu'on savait de son repli sur lui-même.

Cependant Pier Paolo Pasolini éveillait en lui une curiosité singulière, malgré sa réticence orgueilleuse à aller voir les films des autres. Antonioni et lui s'admiraient avec distance et Fellini n'avait pu résister au plaisir de quelques mots un peu trop vifs et cruels. Et les œuvres inspirées et sauvages du poète des rues et des borgretti lui donnaient ces autres clefs des temps nouveaux que son passé d'aristocrate et de militant communiste l'empêchait de bien saisir. Les protestations brûlantes de l'Italie bien pensante à l'encontre de Pasolini, sa vie réputée scandaleuse avec des ragazzi des faubourgs qui se proclamaient assassins et voleurs de l'ordre établi dans les dialectes de la campagne et de la zone le ramenaient aux sordides attaques de la démocratie chrétienne à son égard, et à cet humanisme des exclus que Rocco avait exploré avant Franco Citti.
Comme toujours, Anna Magnani avait pris un peu d'avance en se jetant dans ce nouveau combat, avec le visage de Mamma Roma consolant les fils truqueurs de la rue de la misère qui n'ont pu monter

dans la décapotable d'un inconnu que pour le temps d'une morne passe et d'une illusion à deux mille lires. Mais il hésitait aussi, la lumière des bas-fonds était trop loin de lui et celle de la gloire l'enveloppait désormais entièrement. Les critiques qui avaient fait la moue devant ses premiers films le couronnaient maintenant de festival en festival avec une sorte de conformisme officiel qu'il traitait par le mépris... enfin un peu, avant d'empocher des trophées qui apaisaient légèrement cette insécurité secrète dont il ne connaissait que trop bien la raison.

Et quoiqu'il fût d'un comportement despotique et brutal confinant à la cruauté avec la plupart des artistes, ceux-ci, les plus grands, les plus célèbres laissaient tomber tout autre projet contre celui d'être dirigé par lui sur les meilleures scènes du monde et de recueillir ne serait-ce qu'un éclair de ses sourires de soudaine enfance, et de cette force surhumaine et candide qu'il mettait en toutes choses.

Toutefois, Maria Callas lui manquait et comme la diva s'obstinait à l'éviter, il lisait sur son visage fermé de lunettes noires le naufrage sans recours des rêves à l'origine de leur rupture.

Ainsi, le sketch des sorcières qu'il avait écrit pour Silvana Mangano avec son vieil ami Peppino Patroni Griffi fut avant tout un message d'intelligence et de compassion à l'égard de celle que l'éloignement de son art et du public avaient progressivement retranchée du monde en ne lui laissant qu'une interminable fuite pour seul espoir.

Mais Luchino savait aussi qu'elle ne pouvait plus entendre ses appels et qu'elle ne s'en retournerait jamais comme lui vers ce travail de la scène qui était le seul chemin de la venue au monde. Celui qui permet aussi de rencontrer ce grand amour auquel il ne croyait pourtant plus guère : Helmut Berger.

Garçon perdu d'une Autriche indifférente et trop riche, Helmut patinait sur ce miroir de la vie facile où l'on se passe de main en main, de bal en bal et de palace en palace, de beaux jeunes gens démunis, comme des flacons d'une eau de parfum qui plaît sur le moment et qui écœure à la longue, lorsque Luchino décida de le garder auprès de lui ; tout d'abord surpris, puis de plus en plus attaché par une ambition, une ruse et une intelligence qui valaient infiniment

mieux que cette valse effrénée où s'abîme le tourbillon du grand monde et dont les écarts se mesurent pour l'ambitieux comme les échelons d'une ascension sans limites.
Les gens chics acceptent tout, pourvu qu'on y mette des manières, et celles d'Helmut paraissaient tout à fait charmantes. Ainsi lors d'une certaine fête à Venise, où ils se rendirent pour la première fois ensemble, parmi sourires entendus et chuchotements de jalousie, devant l'air décidément bien serein de Luchino, il n'y eut guère que les Burton pour imaginer ce que pouvaient exactement signifier les politesses un peu trop raffinées et frivoles d'Helmut.
En effet, aux yeux de Luchino, l'instinct de revanche et de provocation du fringant séducteur au passé compliqué était une chance inespérée pour torpiller encore un peu plus les injustices et les préjugés qu'il avait toujours combattus. Mais cette arme de guerre à la fois docile et si difficile à contrôler était aussi devenue pour lui comme une manière de fils qui lui permettait de revenir aux thèmes lancinants de la première oppression, celle de sa famille, et du premier désir jamais éteint, car jamais assouvi, celui de l'inceste sur le corps de sa mère.

Helmut Berger dans Les Damnés, *1969.*
« Dans quelques heures cet homme sera le plus puissant d'Allemagne ». Il faut espérer que le rédacteur de ce slogan publicitaire a été chaudement félicité; au moins dans certains clubs bien précis où les innombrables copies du modèle original obtiennent encore chaque soir un franc succès.

L'Allemagne des rêves de son enfance, le nazisme des équivoques de ses attirances charnelles de jeunesse, la famille Krupp de sa haine des impostures de la puissance revinrent alors auprès de lui, matés et asservis pour se plier au cadre et au destin du grand règlement de comptes : *Les Damnés*.

Cependant, le meurtre du passé se montrait difficile : Helmut n'était qu'un jeune homme plus porté sur l'insolence que sur la méchanceté absolue, et il se rebellait dans des accès de colère imprévisibles contre une manipulation obscure. Il fallut le briser, méthodiquement et cruellement, pour faire naître en lui la haine. C'était étrange, ils en conçurent l'un pour l'autre un surcroît d'amour.

Et d'amusement aussi, car Helmut avait repris pour son rôle le vrai visage d'Arndt von Bohlen, l'héritier de la famille Krupp, et dans le monde où évoluent les hommes qui se voient beaucoup entre eux avant de faire une fin en épousant l'image de leur mère, le genre n'est pas à pleurnicher, car autrement le Rimmel coule.

Désormais, la passion de l'Allemagne l'entraînait au plus profond des mécanismes secrets de son cœur, et il ne cessait de relire Thomas Mann. Le vieil homme si tranquille qui travaillait et se promenait avec sa femme dans une villégiature retirée de Suisse était mort depuis longtemps, mais Luchino se sentait comptable de son souvenir, parce que tant de leurs élans et de leurs réflexions avaient été les mêmes, et aussi peut-être parce qu'ils avaient emprunté des chemins différents pour les reconnaître, les transformer et les vivre.

Une fin d'enfance qui s'est autrefois dévoyée sans savoir dans un palace de Venise, de quelle mort était-elle messagère, de celle d'une vie qui commence ou d'une autre qui s'achève ?

Cela faisait si longtemps que Luchino cherchait la réponse, et qui donc serait l'innocent pour accepter qu'il lui pose la question ?

Il chercha longtemps dans des pensionnats d'Europe de l'Est, auprès imprésarios d'Allemagne ou de Suède : on lui aurait vendu n'importe qui : il avait tant de talent et il était si célèbre. Mais non Tadzio, le metteur en scène de cette histoire n'est pas le monsieur très gentil qui serait si content si tu venais le voir dans sa chambre, tout à l'heure, quand ta gouvernante sera endormie ; arrête de tricher et de jouer à affoler son pauvre cœur fatigué, car autrement tu seras puni à ton tour de n'apprendre qu'à la veille de ta propre mort, après une longue vie de doute et de mensonges, que c'est en fait de toi qu'il s'agit.

Bjorn Andressen, 1970.
Après Mort à Venise *toutes sortes de légendes ont couru sur le sort de Tadzio. On le disait dépravé par le tournage, perdu dans la drogue, ou bien mort dans un accident de voiture. En fait, c'est aujourd'hui un homme tranquille, qui joue du rock le samedi soir à Stockolm et regrette d'avoir oublié l'italien.*

« Avec toi, c'est comme si on vivait toujours sur une île, on voit les feux du continent, on se lève et on s'endort en pensant aux gens qui les entourent, on parle de ce qu'ils font pour les envier, les condamner ou les comprendre, mais jamais on ne prend un navire pour les rejoindre. »

Helmut lui disait les mêmes mots que Horst trente-cinq ans plus tôt, en refusant d'admettre qu'entre Hammamet et le rivage d'un lac d'Autriche, Luchino avait fait bien des parcours et rencontré toutes sortes de personnes parmi celles qui allument les feux et celles qui les éteignent.

Il était trop jeune en somme, bien que son ami l'essayât au jeu de la vieillesse et de l'agonie de ce roi de Bavière, dont les récits de son père avaient conduit le traîneau depuis les montagnes de Bavière vers le rivage de Cernobbio jusqu'aux fonds mouvants de sa mémoire.

Et puis aussi, quand on partage l'existence d'un pareil homme qui vous a fait le cadeau de vous apprendre tant de choses, et celui de vous investir de la dernière inquiétude qui le tourmente encore, on a le droit de se défendre, de se montrer de mauvaise foi, de refuser de voir qu'il est en train de faire ses adieux à ceux qui le connurent et qui l'aimèrent avant, alors qu'il se prépare pour un nouveau voyage.

Et c'est ainsi qu'à la fin du tournage de *Ludwig*, Luchino tomba si gravement malade.

> *« Mais je jure que ni l'âge ni la maladie n'ont diminué mon désir pour la vie et pour le combat. Je suis prêt pour dix autres films, pas un, mais dix. Nous sommes là pour cela, pour foncer jusqu'à la fin. »*
>
> *Luchino Visconti*

À Rome, chacun le disait mourant, paralysé, ayant perdu l'usage de la parole, avec l'âme qui s'en va, détachée de toutes choses. Or, dans la villa de sa sœur près de la mer où Helmut l'avait rejoint, son désir de vivre se montra le plus fort. Il avait tant supporté la solitude et l'opprobre des autres hommes qu'il demandait cette réparation de pouvoir vivre lentement sa mort auprès d'un amour rachetant les élans inaboutis et les désirs trompés.

Un unique sursis en quelque sorte et qui serait comme cette naissance que connaissent plusieurs fois au long d'une existence les autres hommes. Cela dépendait d'Helmut qui, bien sûr, y consentit.

Aux camarades qui lui reprochaient de ne plus vouloir penser qu'à lui-même en explorant tous les carrefours de ses névroses et de ses rêves sur la seule carte germanique de son exil intérieur, il ne trouvait en vérité plus grand-chose à répondre. Quand les masses ratent une révolution qu'elles n'ont finalement pas voulu faire et que la société persiste à vous reléguer comme ce fut toujours le cas, autant laisser à une Rolls le soin de vous conduire en coulisses et à l'écart, puisque c'est ainsi et là qu'on est soi-même et qu'on travaille encore.

D'ailleurs, la famille l'y attend pour qu'on fasse son portrait de groupe en intérieur et franchement il n'est pas de meilleure image du monde à garder par-devers soi quand toutes les autres s'éloignent en perdant leurs couleurs.

Il avait toujours pratiqué Mario Praz, l'éblouissant amateur d'art, écrivain érudit, et collectionneur assidu de tableaux de ce genre, que les astres de la société romaine redoutaient de rencontrer, car il avait la réputation de porter le mauvais œil.

Luchino n'était pas superstitieux ; on n'est pas atteint par ce genre de prédiction quand la malédiction ne vous a jamais faussé compagnie et

que les autres pronostics sont plutôt sombres. De toute manière, après les avoir réunis dans un palais de Rome, qui ressemblait tant à celui de Milan, et observés à travers ses caméras, il revint donc leur demander pourquoi ils avaient été si beaux et égoïstes, si intelligents et arrogants, si fantasques et peu attentifs à lui-même. Il était très fatigué ; Helmut, le fils choisi, le regardait en se demandant « pourquoi nous tourmente-t-il encore alors qu'il est comme nous ? », mais il tenait à ses questions en insistant pour que le double bien-aimé lui prêtât son regard et sa voix ; on pouvait compter sur Burt Lancaster, leur réticence et leur mutisme ne lui faisaient pas peur.
Mais cependant, c'était tout de même très difficile ; on ne retrouve jamais exactement ses souvenirs sur un plateau de cinéma ; si dociles et familiers soient-ils, les acteurs sont cinquante ans plus jeunes, à moins qu'on ne soit tout simplement cinquante ans plus vieux, ce qui n'est pas tout à fait la même chose. C'est ainsi que l'autre lui-même se pencha sur son épaule avec cet air désolé qu'il ne connaissait que trop bien, en lui disant qu'ils ne répondraient qu'après sa mort et qu'il lui fallait se contenter en attendant de la seule mémoire à peu près intacte, toujours fidèle et sans tache : celle de la splendeur et de la tendresse de sa mère ; plan fugitif de Claudia Cardinale, au demi-sourire à lui seul adressé, dans un bel océan vague où tous s'étaient noyés.
Il n'était pas satisfait ; il chercha encore en retournant au théâtre.

Luchino Visconti, déjà gravement malade, avec Burt Lancaster, sur le plateau de Groupe de famille en intérieur (Violence et passion) *d'après la vie et les œuvres de l'esthète collectionneur Mario Praz.*

Luchino Visconti : *"Tu devrais mettre des bas plus foncés,*
ceux-là sont trop clairs ; il faut voir
le contraste entre la jambe et la cuisse."
Adriana Asti : *"Oui, j'ai aussi des porte-jarretelles noirs*
commandés à Paris."

Valentina Cortese, Adriana Asti, rien qu'à les voir respirer, on avait envie de vivre ; même si à l'évidence il se faisait maintenant très tard.
Alors, puisque ni l'oisiveté de sa jeunesse, ni Horst, ni Renoir, ni l'engagement de la guerre, du communisme et de la révolution sociale, ni la fin du *Guépard*, ni les questions d'Allemagne et celles posées à sa famille, ne lui avaient permis de comprendre les raisons de son implacable différence et de son infranchissable écart, il s'abandonna simplement et doucement à l'affection des artistes et à la gratitude du public en les remerciant pour toute la beauté qu'ils avaient fait surgir de ce mystère et il accepta enfin ce vieux malheur de ses élans inaboutis et de ses désirs floués.
Il n'avait plus besoin désormais de filmer sa Recherche du temps perdu puisque ses amis se pressaient autour de lui avec toutes les tendresses intactes du temps retrouvé. Celui du travail partagé qui abolit le chagrin, de la confiance réciproque qui efface la solitude, de cet amour de la beauté qui est plus fort que l'amour même.

Paolo Stoppa et Rina Morelli, vous vous rappelez Goldoni à Paris avec cette salle debout pour trente rappels ? Et toi Franco, est-ce que tu penses encore au scénario de *La Terre tremble*, et à nos marches silencieuses sur la plage d'Accitrezza ? Je ne voulais pas vous engager, Florinda, c'était une idée des producteurs, mais après franchement, je ne l'ai pas regretté. Et vous, Vittorio De Sica et Alberto Sordi, allez-vous encore dans cette trattoria du Trastevere où nous nous étions disputés si fort à propos de Togliatti ? Si vous saviez comme je regrette. Viens près de moi, Anna, ma sœur si fidèle, ma bellissime et regarde-moi bien en face. N'aie pas l'air si navrée, c'est toi qui pars la première, je te suis juste après. Tu ne voudrais pas qu'on nous sépare ? Je n'ai besoin que de quelques jours, quelques semaines tout au plus, car j'ai des gens à voir et des excuses à faire. Le peuple de Rome est venu te retrouver, comme chaque fois que tu sors de scène et il paraît qu'il y a encore plus de gens dans les rues autour de toi que lors de la mort de mon vieux camarade Togliatti.

C'est bien normal puisque, comme lui, tu n'as jamais cédé au désespoir social, et que tu as permis aux humbles de se montrer enfin en pleine lumière.

Ne t'inquiète pas pour les garçons que j'ai croisés. Certains sont comme ceux-là qui t'accompagnent, ils sont vieux comme Rome, et je ne leur ai pas fait grand mal. Les autres, je les ai laissés sans rien leur demander après leur avoir donné tant de choses. J'aimerais seulement qu'Helmut parte vite pour New York où l'a invité Horst. Ce n'est pas bon pour un garçon de son âge de voir partir des gens comme nous, et de rester trop longtemps seul.

Préviens ma mère pour lui dire que j'arrive. Tous ses visages se ressemblent ; tu la reconnaîtras sans peine.

Comme nous serons heureux ensemble ! Tu sais très bien que je ne crois plus à la fin du monde, car la jeunesse est là ; et comme j'ai toujours aimé les femmes.

Anna Magnani, quelques mois avant sa mort précédant celle de Luchino Visconti.

ELIZABETH TAYLOR

Aujourd'hui, Elizabeth Taylor achève de se remettre lentement d'un accident de santé qui l'a conduite, pendant plusieurs semaines, au seuil de la mort. Ses enfants, ses amis, sa fidèle secrétaire Chan San l'ont âprement protégée de la curiosité des journalistes, mais certaines photos ont paru avec toute la mise en scène cruelle voulue par la maladie : civière, masque à oxygène, affolement visible des infirmiers. Ce retour brutal des vieilles malédictions qui ne l'ont jamais vraiment quittée n'infirme pas ce que l'on sait de son caractère et de son énergie. Mais il souligne un peu plus le prix qu'il faut attacher au désir de vivre d'une femme aussi fragile et menacée que dotée de qualités humaines exceptionnelles. Elizabeth Taylor n'est pas seulement l'ultime gardienne de légendes hollywoodiennes évanouies, elle est aussi un exemple de volonté et de courage. Et, en ce sens, ses come-back sont les nôtres. Une apparition sensationnelle et très accompagnée, tout récemment, au bal romain du couturier Valentino, confirme que le prochain ne saurait tarder.

> “ *Comme vous êtes jolie, Miss...*
> *Vous avez toujours été jolie,*
> *jolie à croquer.* ”

James Dean, Géant
Georges Stevens 1956

C'est à l'opéra de Manaus, où flottent en 1988 les souvenirs romantiques d'un empire du Brésil disparu un siècle plus tôt, qu'Elizabeth Taylor a retrouvé Franco Zeffirelli pour incarner sous son regard la cantatrice inspirée qui révélera Toscanini à lui-même.
Vingt ans après *La Mégère apprivoisée* où le même Zeffirelli lui donna l'un de ses meilleurs rôles, les fantômes d'une Amérique dis-

parue, d'un flamboyant spectacle que seul Hollywood parvint à égaler durant ses fugitives années d'or, et de l'ancienne culture de la vieille Europe, l'accompagnent pour son retour.
Elizabeth Taylor a consacré sa vie au cinéma, et bien qu'il traverse aujourd'hui la crise la plus profonde de son histoire, elle ne garde en mémoire que le meilleur de leur existence commune, puisqu'ils se firent confiance l'un à l'autre cinquante ans auparavant, dès le premier instant de leur rencontre.

> *« Ce n'est pas bon pour Lassie d'être enfermée.*
> *Lassie aime se promener.*
> *Elle a besoin d'exercice. Pauvre Lassie, pauvre petite,*
> *je prendrai toujours soin de toi. »*

Elizabeth Taylor, Lassie chien fidèle
Fred Wilcox 1942

Poussée par l'ambition de sa mère, qui avait fui la Grande-Bretagne ravagée par la guerre, Elizabeth fit partie dès son enfance de la famille des enfants prodiges d'Hollywood, investis de la mission d'attendrir une nation sous les armes. Néanmoins la concurrence était sévère et, dans le cœur du public, Margaret O'Brien était de loin la préférée des petites filles au parfum et aux intonations d'Angleterre, tandis que les producteurs gardaient jalousement, à l'abri de leurs studios grillagés par des contrats de fer, des pensionnats entiers de très jeunes comédiennes représentant toutes les déclinaisons possibles d'un prototype aux fabuleux profits, jusqu'alors inégalé mais désormais adulte, donc inutilisable : Shirley Temple.

Cependant, le défaut du système était que les enfants grandissent ; Louis B. Mayer avait cru trouver la solution en inventant les films de jeunes où il pouvait prolonger interminablement l'adolescence de ses dociles trésors dont Judy Garland et Mickey Rooney étaient les perles les plus précieuses. Mickey Rooney, génie précoce et sarcastique, doté d'une imagination vertigineuse et d'un entrain infernal, introduisait tout de même quelques grincements dans cette mécanique à faire des centaines de milliers de dollars. Bien que dorée, la cage lui paraissait trop étroite.

Mickey Rooney : "*En cas de pépin,*
dis-leur que c'est moi qui t'ai poussée."
Elizabeth Taylor : "*Mike, ne dis plus rien, tout ira bien.*
Personne n'a plus envie que moi de concourir."

National Velvet
Clarence Brown 1944

Louis B. Mayer en était venu à redouter le jeune monstre qu'il avait créé et qui était désormais conscient de son impact sur les foules. Il attendait l'instant des premières cernes et des premières rides pour le briser et se vengeait en tyrannisant Judy Garland à coups de tournages épuisants, et de médicaments pour rester mince et juvénile, pour rire, jouer et dormir, pour ne pas avoir peur. Et c'était en vain que Mickey tentait de la protéger.
Elizabeth observait ces jeux cruels. Et sous l'apparence de la petite fiancée de l'Amérique que Mayer perfectionnait de film en film, elle se forgeait une volonté de fer en écoutant les conseils de Mickey.
C'est ainsi qu'elle refusa au magnat ivre de rage qu'on lui coupe les cheveux dans *National Velvet* et le succès de sa prestation la confirma dans sa résolution de ne jamais céder au chantage des puissants. Mickey lui-même était impressionné par cette énergie de douze ans, innocente et inflexible.
Mais déjà Elizabeth quittait l'enfance et combattait pour faire reconnaître à Mayer qu'elle était devenue une femme.
Le pouvoir absolu de la Metro ne lui faisait pas peur, malgré les prières de sa mère et les avertissements doucereux des commères de la grande presse. Ainsi demeurait-elle résolue devant le père d'adoption qui l'avait façonnée et qui dominait Hollywood.

Séparée des hommes par les précepteurs, les gouvernantes, les attachées de presse et les espions en tout genre, elle sentait aussi que d'étranges langueurs et des élans confus l'appelaient, au-delà des barreaux du studio, vers la flamboyante liberté de celles qui avaient acquis le droit de faire naître le désir : Ava Gardner, Rita Hayworth, et puis cette blonde avec un mauvais genre qui scandalisait les producteurs mais dont ils se servaient parce ce qu'elle allumait les regards des garçons revenus de la guerre : Lana Turner.
Mais elle avait présumé de ses forces ; le piège de la Metro la maintenait dans les fades apparitions d'une carrière désormais indécise ; elle choisit alors le mariage pour s'échapper.

> “ *Nous avons passé une semaine à Paris.*
> *C'était merveilleux et très gai.*
> *Nous adorons l'Europe.* ”
>
> *Elizabeth Taylor*

Nicky Hilton était beau, avec cette gaieté saine qui convenait au puritanisme de Mayer ; il était également l'héritier de l'immense fortune d'un empire de palaces disséminés sur toute la surface de la terre, dont sa mère connaissait la liste par cœur.
Elle n'avait jamais connu d'homme et c'est ainsi qu'elle s'avança pour des noces fastueuses le cœur gonflé d'espoir et de joie, ivre de la liberté nouvelle d'être aimée par un garçon de rêve, enfin offerte et acceptée comme une femme, et franchissant le seuil du cercle magique de l'aristocratie américaine.
Mayer était si satisfait de cette union qu'il avait accepté de louer Elizabeth au réalisateur George Stevens. Elle venait donc de tourner dans *Une place au soleil* le rôle d'une héritière innocente et amoureuse séduite par un truqueur ambigu et pervers.
Montgomery Clift, son partenaire, pourtant l'avait mise en garde. Il avait trop bien compris les secrets de son rôle, et reconnu dans le regard de Nicky Hilton une lueur étrange et trouble qui lui était familière. Mais comment aurait-elle pu alors comprendre qu'entre son film et le cauchemar qui s'annonçait, l'histoire était la même ?

Ainsi, tandis qu'Elizabeth jouait bravement durant le jour la comédie du bonheur pour les reporters, chaque nuit lui apportait les insultes hystériques et les coups d'un désaxé abreuvé d'alcool qui, en lui reprochant d'être trop belle, lui faisait payer son obscure incapacité à la posséder.

Les Windsor, qui partageaient la croisière de la lune de miel devenue voyage aux enfers, la prirent sous leur protection et lui conseillèrent le divorce. Ainsi, la recherche de la liberté et de l'amour ne l'avaient conduite que dans un abîme de désespoir où elle se sentait coupable pour des fautes qu'elle n'avait pas commises.

Elle se jeta alors dans les plaisirs de la fête hollywoodienne. Mayer l'observait en attendant le moment où elle mettrait à sa merci son existence à la dérive. Il avait tort. En effet, les nuits blanches avaient emporté les marques sombres sur son visage et réconcilié Elizabeth avec la vie en lui faisant rencontrer Michaël Wilding.

Elizabeth avait-elle la nostalgie d'un père occulté par la présence envahissante de sa mère et du maître de la MGM, et celle de sa terre natale, l'Angleterre ? Michaël Wilding avait vingt ans de plus qu'elle et il était anglais. C'était aussi un acteur célèbre dans son pays, et un parfait gentleman, poli, tendre et chaleureux. Les corbeaux noirs d'Hollywood snobèrent le mariage londonien qui contredisait leurs pronostics. Mais la ferveur du public rassura Elizabeth ; elle en était sûre, cette fois serait la bonne.

Sa famille jusqu'alors avait oscillé entre le scintillant orphelinat des studios et l'affection un peu trop active d'une mère ambitieuse. C'est ainsi qu'elle éprouva un bonheur inespéré en donnant deux garçons en trois ans à l'homme qu'elle admirait. Les stars d'Hollywood ont souvent posé pour les images d'une maternité heureuse et bourgeoise s'épanouissant devant des berceaux, des cuisinières et des piscines, afin que le public qui les voulait aventurières et séductrices, les retrouve épouses ordinaires et mères irréprochables, lorsque les lumières se rallument. Des récits encore tout empreints de souffrance ont depuis levé le voile sur ces légendes et ramené à la lumière des enfances abandonnées et douloureuses, basculant au gré de la carrière de leurs parents, de richesses indifférentes en caprices névrotiques,

Elizabeth Taylor et Montgomery Clift dans Une place au soleil *(George Stevens, 1951). Liz n'a pas vingt ans et c'est déjà son 15e film. C'est aussi le premier rôle dramatique alors que son entourage vient de la pousser à épouser Nickie Hilton. Entre l'arnaqueur meurtrier incarné par Montgomery Clift, et le jeune millionnaire qui la torture mentalement, la petite fiancée de l'Amérique découvre qu'elle a été vendue à des hommes sans scrupules. Elle saura s'en souvenir.*

s'essoufflant à tenter de comprendre du fond d'une nursery solitaire le grand jeu obscur et lointain des pouvoirs hollywoodiens.

Mais Elizabeth n'était pas comme ces autres mères de cinéma. Ses enfants la consolèrent de n'avoir jamais été qu'une adulte en robe de petite fille, manipulée par des grands qui ne l'aimaient pas assez. Ils étaient la chair de son corps, ils furent l'âme de sa vie. Malheur à qui s'approcherait d'elle sans le comprendre. Michaël Wilding, lui, l'avait compris.

Mayer avait été brutalement balayé par un coup d'État des actionnaires de la Metro; elle maîtrisa mieux sa carrière et affirma ses amitiés. Avec Montgomery Clift, dont elle tentait de freiner la longue chute autodestructrice dans l'amour exclusif qu'il avait de lui-même. Avec Rock Hudson, dont elle était la seule à connaître le secret et qui venait reposer auprès d'elle son âme épuisée par une quête inassouvie, cernée de chantages et de scandales étouffés.

Avec James Dean qui l'emportait dans ses bolides sur la route dangereuse de Malibu en riant comme un fou dans la nuit noire. James Dean dont aucune femme ne pouvait se vanter d'avoir réellement étreint le corps, alors qu'il l'abandonnait en souriant aux embrassades étrangement démonstratives de copains mystérieux, avant de courir en glissant parmi d'obscurs désirs vers le seul qu'il voulait débaucher en espérant le dominer, celui de la mort.
Un jeune acteur gallois, venu tenter sa chance à Hollywood, croisait aussi parfois le sillage d'Elizabeth. Elle avait demandé son nom sans paraître y attacher d'importance : Richard Burton. Le jeune acteur, à qui elle n'était pas la dernière à prédire un grand avenir, aurait sans doute mérité qu'on lui parle de manière approfondie, mais il retournait bien trop souvent vers l'Angleterre où l'attendait une épouse à laquelle il paraissait très attachée. Et d'autres rencontres, moins éphémères et plus précises, retenaient désormais l'attention d'Elizabeth. Les amours platoniques ne pouvaient plus compenser les manques d'un mariage d'estime avec un mari un peu las et un peu sceptique, qui se couchait chaque soir en pyjama à l'heure où une femme ardente voit s'allumer les chaudes lumières de la nuit.

« Je ne veux pas entendre les gens, je veux les noyer sous les orchestres. C'est clair ! »

Mike Todd

Mr et Mrs Todd.
En route pour la croisière sur une rivière de diamants et le tour du monde de l'amour fou.

C'est alors que Mike Todd, un aventurier de la finance qui la surveillait depuis longtemps, prit la place de ses songes indécis et leur donna un visage, un corps, une force, dont elle avait redouté de perdre le souvenir.

Mike Todd, qui s'était arraché d'un cloaque de Minneapolis pour se construire un empire dans les lumières de Broadway, désirait Elizabeth depuis longtemps, sans qu'elle s'en aperçoive. Ayant acquis avec *Le Tour du monde en quatre-vingts jours* une puissance qui étonnait Hollywood, il avait senti venir l'heure propice pour l'entraîner dans sa vie torrentielle et la séduire. Michaël Wilding s'éclipsa sans résistance et sans rancune, Elizabeth venait enfin de rencontrer l'homme qu'elle attendait depuis toujours.

Elle parut alors différente aux yeux de l'escorte brillante et endiablée de ses amis, discrète, soumise, en demi-teinte.

Elle s'inclinait en fait devant un amour si fort et si violent qu'il la laissait titubante au cœur de ce royaume qu'elle avait si souvent frôlé sans y pénétrer et dont il venait de lui offrir la couronne : le bonheur de vivre.

Vulgaire et généreux, dominateur et tolérant, bagarreur et compatissant, travaillant seize heures d'affilée par jour, dans une atmosphère de rugissements et d'éclats de rire, l'aimant et la possédant le jour, la nuit, dans des chambres d'hôtel et des avions privés, longuement jusqu'à l'aube ou entre deux coups de téléphone au bout du monde, brutal et tendre, efficace et fantaisiste, précis et rêveur, cynique et sentimental, Mike Todd l'entraînait dans une vie de guerre perpétuelle toujours amusante, toujours nouvelle qui lui apportait une paix intérieure qu'elle n'avait jamais connue.

Et pour l'infatigable batailleur qui décuplait ses énergies afin de l'étonner et de lui plaire, elle fut toujours la première et l'unique vraie chance d'une existence conquise de haute lutte contre la misère, les préjugés et l'ignorance.

Jusqu'alors habituée aux négociations soupçonneuses des producteurs, au scepticisme d'un mari fatigué, à la routine du travail des studios et des nuits sans but où s'allume l'inutile chaleur des lumières des dancings si désespérément indifférents au désarroi d'une femme abandonnée, il était pour elle le premier secours et le premier espoir. Que pouvait-elle donc faire d'autre désormais, si ce n'est de le suivre éperdument dans ce tour d'un monde qui lui avait apporté cette fortune et qu'il déposait maintenant devant elle, en lui demandant avec le cœur battant de l'enfant qu'il n'avait jamais cessé d'être, si c'était encore assez pour elle ?

Les images du couronnement de l'autre Elizabeth étaient dans toutes les mémoires et Grace Kelly venait d'épouser Rainier. Comme d'habitude Mike Todd voulut balayer ces pâles imitations : Liz serait la reine de tous les rêves, en cinérama et TODD.AO, procédé inventé par lui-même pour renforcer la couleur des superproductions... et dont Liz détient toujours le brevet.

« Vous avez dit Miss Taylor ? Vous voulez dire Madame Todd. Madame Todd est la personne que j'aime le plus au monde. Ce n'est pas un secret. J'ai la chance d'avoir un peu d'argent de temps à autre, et c'est très agréable de le dépenser pour la gâter. Je ne connais rien de plus agréable que de la gâter. »

Mike Todd

Mais à quoi bon s'aimer si l'on n'en fait pas profiter les autres ? Des fidèles, des amis les entouraient constamment. Et notamment un jeune couple sur qui Mike faisait pleuvoir les billets d'avion en première classe et les réservations dans les suites de palaces européens : Debbie Reynolds et Eddie Fisher, une comédienne en pleine ascension et un chanteur de charme qui avait un peu de mal à suivre. A Londres, on se présenta tous ensemble à la duchesse de Kent. Modèle d'élégance pour la famille royale, Marina de Kent confia plus tard à sa fille, avec un vague étonnement, qu'elle n'avait jamais vu autant de bijoux dans la famille royale et qu'elle avait trouvé cette petite Debbie

Reynolds franchement très bien pour une actrice, avec ses boucles d'oreilles toutes simples. Elizabeth souriait : qu'importe le genre pourvu qu'on ait la rivière de saphirs.
La naissance de Liza, au terme d'une grossesse dangereuse, survint contre l'avis des médecins, inquiétés par les ennuis de santé, fréquents et graves, d'Elizabeth.
Mike Todd en conçut une fierté et une gratitude immense : sa femme, comme lui, refusait l'échec et la maladie. Elizabeth, pourtant opiniâtre et maternelle, s'étonnait secrètement de l'acharnement avec lequel elle avait voulu mettre cet enfant au monde. C'était comme s'il avait fallu ne pas perdre une seconde pour donner en retour la meilleure preuve d'amour et le plus beau témoignage...
Des pensées que l'on garde pour soi-même quand on vit auprès de Mike Todd, surtout lorsqu'elles reviennent irraisonnées et lancinantes, quand il s'éloigne dans son avion privé sur une dernière plaisanterie et la promesse d'être de retour le lendemain soir.

Elizabeth Taylor, la star la plus recherchée d'Hollywood, Mrs Mike Todd, la femme la plus comblée d'Amérique, l'une et l'autre et la même, ne dormirent pas durant cette nuit du 22 mars 1958, où son mari l'avait quittée pour quelques heures qui devinrent l'éternité. Elle demeura près de ses enfants, marchant de long en large, comme un animal inquiet, attendant l'aube et le coup de téléphone promis pour l'heure de l'escale.
On dit qu'il fallut plusieurs hommes pour la maîtriser lorsqu'elle apprit la nouvelle qu'elle paraissait attendre, debout dans la chambre en désordre, tremblante et livide.
On dit aussi qu'ils se sentirent comme des enfants ramenés aux désespoirs des premiers âges, lorsqu'ils entendirent ces cris de bête dont ils étaient incapables de mesurer la détresse.
Et puis on dit encore, qu'il y eut, durant les jours suivants, comme une paix tranquille et un peu sombre, dans des milliers de foyers américains, les harmonieux comme les désunis, après avoir vu sur les téléviseurs une jeune femme en deuil titubante de douleur, jetant aveuglément à la face du monde les images de l'injustice qui l'avait terrassée ; celles de la perte du plus grand amour.

> *« Je lui ai dit : je ne veux plus te voir.*
> *Mais il revenait sans cesse*
> *et me menaçait en terrorisant Cheryl. »*
>
> *Lana Turner*

Lana Turner, amoureuse d'un gangster gigolo qu'elle méprisait, éprouvait une honte diffuse en comparant l'union qu'avait connue Elizabeth et la dangereuse liaison à laquelle elle s'était enchaînée ; pour le plaisir, la violence et le pire. Et lorsque Cheryl Crane, à peine adolescente, poignarda celui que sa mère appelait son « pajarito lindo » (mon joli petit oiseau), alors qu'il s'apprêtait à vitrioler au grand jour le visage de la star après avoir, un peu plus chaque nuit, vampirisé son corps, l'Amérique tout entière, frissonnante d'une joie morbide devant le cadavre encore chaud de Johnny Stompanato, ressentit la même différence. Ainsi, la femme de mauvaise vie venait de resurgir parmi les rêves noirs du public, aventurière pathétique pataugeant au seuil du crépuscule dans le désordre des notes à payer pour une vie scandaleuse, réclamant avec des cris de désespoir sa fille accusée d'un crime dont elle se savait responsable, perdue dans les corridors infamants d'un tribunal où l'on affronte sans maquillage des lumières affûtées pour le plus cruel des scripts policiers.
Il n'y eut alors qu'Elizabeth pour crier à l'injustice, au déshonneur de la presse, pour déclarer sa compassion à l'égard de celle à qui la vie avait proposé un voyou issu des bas-fonds au lieu d'un milliardaire maître de plusieurs mondes.

Hollywood en vérité n'allait pas bien : Judy Garland et Mickey Rooney en portaient la marque sur le visage. La télévision les avait réunis une dernière fois ; leur fantastique entrain et leurs qualités professionnelles étaient intacts, mais ce n'était pas ce qui intéressait réellement les caméras du monstre grandissant hargneusement dans l'ombre de son géniteur, le cinéma. En revanche, les gros plans cherchaient avidement à démasquer les ravages apportés par les multiples mariages catastrophiques de Mickey, les régimes diététiques barbares de Judy, le lent séisme de l'alcool, des médicaments et des déceptions abattant une à une les apparences de la joie de vivre pour laisser l'ancien couple d'or aux seules vraies noces qu'on lui eût accordées : celles qui l'unissaient à la déchéance et au désespoir.

« Tout le temps que cette fille ne passe pas au lit est tout simplement du temps perdu. »

Mike Todd

La Chatte sur un toit brûlant
(Tennessee Williams — Richard Brooks, 1958).

Elizabeth avait repris le tournage de *La Chatte sur un toit brûlant*, parcourant le plateau en combinaison blanche sans remarquer le regard des techniciens. Ce bon vieil Eddie Fisher passait souvent sur le plateau pour évoquer le souvenir de Mike. C'était comme si personne n'avait lu le scénario de Tennessee Williams.

Eddie Fisher et Debbie Reynolds formaient alors le jeune couple exemplaire de la cité du cinéma. Il était si sympathique et si gentil. Elle était si pure et virginale.

Reporter : *"Liz, vous avez un nouveau porte-bonheur ?"*
Elizabeth Taylor : *"... (Rires)..."*
Reporter : *"Et vous, Eddie Fisher ?"*
Eddie Fisher : *"Moi, j'ai une bague, une bague très spéciale. Elle m'a été donnée par quelqu'un de très cher."*
Elizabeth Taylor : *"Allez, tu peux le dire maintenant..."*
...(Rires)...

Aux yeux mi-clos des chroniqueurs et des commères de la presse à sensation, ronronnant l'énumération de leurs fades vertus, l'image de leur fidélité réciproque et de leur amitié secourable pour Elizabeth enrobait enfin d'un miel douceâtre et rassurant un panthéon hollywoodien que les derniers mois avaient secoué d'une succession désordonnée de tragédies bien trop humaines. Cependant, le public, mis en appétit par tant de plats épicés, avait un peu tendance à regretter qu'on eût si rapidement servi les sucreries et le dessert. On regrettait l'absence d'un entremets plus corsé. C'était oublier qu'Elizabeth avait cette faim d'acier qui trouve son réconfort dans le genre de recettes qui convulsent des convives ordinaires. Elle se chargea donc bien volontiers de combler les lacunes du menu, de mitonner un en-cas revigorant de sa façon et d'assurer le service. L'addition serait pour un peu plus tard. Les commères, soudain alléchées, l'avaient récupérée pour leur comptoir.
Elizabeth devait enchaîner avec un autre film, *La Vénus au vison*, une histoire de call-girl qui lui déplaisait mais à laquelle elle était liée par un contrat. On lui proposa obligeamment Eddie comme partenaire pour la soutenir. La presse, intéressée, resserra d'un cran son attention sur ces amis décidément bien fidèles au souvenir du disparu, en notant qu'Elizabeth finalement ne semblait plus avoir un si mauvais moral.

Eddie Fisher et Debbie Reynolds.
Après la série noire, la version rose holywoodienne : le prince de la romance et Cendrillon. Les amis de la famille si dévoués auprès de la veuve inconsolable. Malheureusement pour les cœurs tendres, déraillement général avant la fin de la première bobine : la veuve a envie d'être consolée.

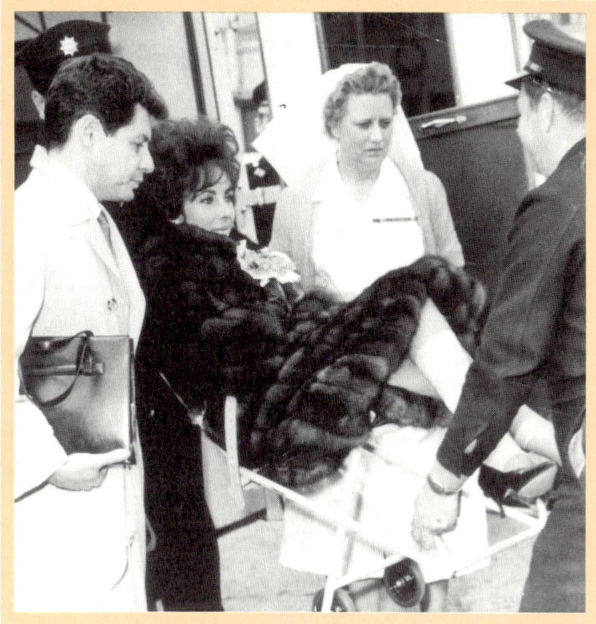

Premier flirt avec la mort. Liz échappe d'extrême justesse à la tentation inconsciente de rejoindre Mike Todd. Eddie Fisher l'a aidé tendrement, mais on ne revient pas à la vie pour la partager avec son petit frère.

Elle avait même retrouvé quelques kilos, le goût des voyages et une certaine pugnacité avec les reporters, surtout quand on lui parlait d'Eddie Fisher. L'annonce du divorce du chanteur foudroya l'Amérique profonde stupéfaite que l'on dérangeât ses souvenirs. La légère collation que l'on avait rêveusement réclamée se révélait une bombe glacée cuisinée avec un assortiment de champignons vénéneux. Mais il était trop tard pour quitter la table, les commères en multitude se pressaient désormais férocement à la salle à manger tandis qu'Elizabeth fourbissait ses fourneaux dans le volcan de sa cuisine.

Ainsi, la veuve héroïque et vulnérable n'était qu'une briseuse de ménages, piétinant les attachements et les cœurs, et trahissant sa meilleure amie et le souvenir de son mari pour voler un homme qui ne lui appartenait pas. Le scandale de Lana Turner n'était qu'une bluette comparé à ce banco dans le poker des sentiments.

Debbie Reynolds, en revanche, tirait son épingle du jeu avec les honneurs. Son attitude réservée, le souvenir de son bel amour mis en

La rumeur laissait entendre que Lana Turner avait elle-même assassiné Johnny Stompatano et que sa fille mineure se laissait accuser pour la sauver. Pauvre Lana, la plus sympathique des étoiles de l'ancienne école, piégée par une vilaine histoire dont on sait maintenant qu'elle fut commanditée par la mafia pour pénétrer les milieux du cinéma.

pièces, lui valaient cette même affection qu'avait connue Elizabeth lors de son veuvage. On oublia les détails pourtant bien précis des clauses du divorce et de la pension alimentaire : sous le regard horrifié de Debbie, où chaque larme luisait comme une accusation, Elizabeth avait échangé son statut de victime contre celui de monstre.
Les amateurs de sensations fortes ne savaient plus ce qu'il convenait d'admirer ; la retenue si remarquable de l'épouse abandonnée ou le sang-froid à toute épreuve de la nouvelle épouse si rayonnante de bonheur. Eddie ne leur donnait pas tort ; il paraissait également quelque peu dépassé par le cours des événements.
Les commères achevèrent alors leurs comptes et tirèrent le coup de fusil définitif du festin des sentiments : elles ramenèrent le public à la frugalité des idées simples en noyant Elizabeth sous un torrent de boue et d'imprécations.

Montgomery Clift : *"Ce maillot était-il indécent ?"*
Elizabeth Taylor : *"C'était un maillot blanc qui, une fois mouillé, devenait transparent. Quand je suis sortie de l'eau, j'avais l'air nue. [...] Vous savez quel rôle je jouais. Je vous l'ai dit."*

Soudain l'été dernier
(Tennessee Williams - Joseph Mankiewicz)

*« Je ne me rends pas.
J'ai trop envie de faire ce film.
Pour moi il y aura une solution.
Je suis convaincu que nous
y arriverons. »*

Rouben Mamoulian

Les jeunes mariés s'exilèrent en Europe. Depuis le temps de Mayer, Elizabeth avait décidé une fois pour toutes que personne ne lui dicterait son destin ; et il n'était pas question pour elle de négocier la liberté de son corps dont Mike Todd lui avait révélé qu'elle était essentielle à son équilibre.
En fait, Eddie Fisher avait évidemment découvert en Elizabeth la femme de ses rêves. L'existence petite bourgeoise qu'il avait menée jusqu'alors avec Debbie, plus célèbre, plus ambitieuse et plus déterminée que lui, ne lui avait apporté que des satisfactions tièdes et des frustrations grandissantes où il avait redouté d'engloutir ses espoirs de carrière.
Tandis qu'avec Elizabeth, il avait constamment le sentiment de partager la seule vie qui vaille : celle de la fête, des amitiés intelligentes, du travail acharné, des grands voyages et du désir qui jamais ne s'apaise ; la vraie, l'unique, la grande vie en somme.
Mais il savait également qu'Elizabeth l'aimait comme une sorte de petit frère attentionné et tendre, et qu'elle ne s'était attachée à lui que parce qu'il lui rappelait Mike Todd. Il sentait à tout moment qu'elle ne cessait de penser à l'homme dont rien ni personne ne pouvait lui épargner le manque. Et lorsqu'elle accepta de tourner *Cléopâtre*, en exigeant le plus fabuleux cachet de l'histoire d'Hollywood, il comprit qu'elle essayait de soutenir une nouvelle fois les rêves de puissance de son ancien mari pour être fidèle à ce qu'il avait fait d'elle, avec une production telle qu'elle fascinait les grands de ce monde, accourus pour en visiter les plateaux et les fabuleux décors.

Le tournage était prévu à Londres, où l'on avait reconstruit l'Alexandrie de la reine égyptienne. Il y faisait humide et froid. Elle tomba malade, mais Mike Todd n'était plus là pour la soutenir. Les pâles secours que lui prodiguait Eddie ne pouvaient faire illusion : elle était seule, tremblante de fièvre au pied des pyramides en carton-pâte qu'elle avait fait édifier pour son pharaon disparu.
À Hollywood, la presse, les compagnies d'assurances rugissaient de haine. Le tournage s'interrompit, reprit, puis s'arrêta. Elizabeth Taylor avait brusquement rejoint les rivages de la mort.
Et tandis qu'on détruisait les décors qui auraient dû réunir pour toujours les souvenirs des amants séparés, Elizabeth agonisait dans une chambre d'hôpital, attendant que son âme recrue de chagrins quitte son pauvre corps épuisé pour rejoindre celui dont elle n'avait jamais cessé de regretter l'absence. Tout de même, elle entendait faiblement Liza qui jouait dans la chambre à côté en demandant quand sa mère reviendrait d'Égypte. Une lumière brillait en permanence au-dessus du lit. Elle y accrocha sa volonté puisqu'il fallait bien ne plus partir. La lumière grandit et redescendit sur son cœur. De justesse, les médecins la sauvèrent.

> *“ Eddie Fisher est venu se pencher sur son lit d'hôpital et lui a dit : Liz, qu'est-ce qui te ferait plaisir ? Et dans un souffle, à peine, elle a murmuré : Alexandre. ”*
>
> *Monsieur Alexandre, de Paris*

Il avait fallu l'opérer à plusieurs reprises et une large cicatrice à la base de son cou attestait les interventions d'urgence contre l'étouffement et l'asphyxie. Elle ne pouvait plus marcher, à peine sourire, mais avec Alexandre venu de Paris pour coiffer ses cheveux courts, Eddie, les enfants qui l'attendaient et ce vison royal que lui avait offert Mike, elle trouva soudain, en quittant la clinique, une sorte de douceur au ciel de Londres et de fraîcheur au vent qui venait de la mer.

Les critiques de la presse, les comptes menaçants de la production, les massacres opérés dans l'équipe de tournage ne lui parvenaient que dans un halo de lassitude.
Mais elle ne redoutait plus de revenir en Amérique ; en décidant de vivre, elle avait franchi une nouvelle étape dans son refus obstiné de céder à ceux qui l'auraient voulue conforme à leurs partis pris et à leurs intérêts.
Elle avait voulu rejoindre Mike, et il lui avait répondu en chargeant les enfants de parler à sa place. Elle suivrait désormais sans défaillir ce qu'il venait de lui enseigner une dernière fois. Elle reprendrait le tournage de *Cléopâtre*, plus tard, mais quoi qu'il advienne. C'est alors qu'on apprit que Debbie Reynolds avait demandé le divorce avant la mort de Mike Todd. Elizabeth n'en avait jamais rien dit. L'Amérique, hantée par un brusque remords, lui pardonna aussitôt.

Elizabeth Taylor : *“Je ne sais pas comment exprimer ma gratitude pour tout cela. Je peux seulement vous dire merci ! Merci de tout mon cœur.”*

Cérémonie des oscars. Elizabeth Taylor couronnée pour La Vénus en vison *1960.*

Sur le plateau de Cléopâtre, *retour à la case départ après que la première équipe, plusieurs millions de dollars et le scénario original fussent partis en fumée en attendant que Liz reprenne le tournage. Les producteurs de la Fox retiennent leur souffle le regard fixé sur leur compte en banque, les critiques n'ont pas encore finement écrit que la montagne vient d'accoucher d'un Râ, et la star paraît d'humeur exquise. Seule ombre à cette félicité : Eddie Fisher se prend pour Jules César et pense que Marc Antoine n'est là que pour faire de la figuration. Heureusement que Liz va bientôt administrer la preuve de sa parfaite connaissance de l'histoire antique et rappeler au monde entier que Rome est toujours la capitale incontestée des jeux du cirque.*

Comme elle l'avait désiré, cet oscar ! Comme elle aurait aimé que Mike soit présent pour *la* voir enfin reconnue, et comme il aurait été beau de le lui tendre, tel un autre talisman pour leur amour.
Eddie l'avait aidée à monter les marches de la scène et elle l'avait embrassé doucement au passage. Pourtant les baisers n'étaient plus que des aveux navrés, et toute cette joie nouvelle l'éloignait de lui sans recours.
Les décors égyptiens avaient été transportés à Rome. On avait remplacé Mamoulian par Mankiewicz et Stephen Boyd par ce jeune acteur gallois, Richard Burton, qui traînait à Hollywood dix ans auparavant et s'était installé à *l'Excelsior* avec Sybil, sa belle épouse blonde. Le tournage du siècle, ainsi que l'appelaient les magazines, pouvait reprendre.
Via Veneto, les paparazzi préparaient nerveusement leurs appareils ; Elizabeth était guérie, ils connaissaient l'histoire de Cléopâtre, ils flairaient le reportage du siècle.

Elizabeth perdit la partie avant même qu'elle ne soit engagée, mais il fallut beaucoup de ténacité aux renards de la pellicule pour trouver les preuves de sa défaite et les dévoiler aux regards du monde. Richard Burton hésitait à vivre avec Elizabeth et encore plus à divorcer pour l'épouser. Il n'avait jamais été autant épris d'une femme et n'en avait jamais rencontré d'aussi attachante, mais il haïssait le climat d'hystérie qui avait entouré leur rencontre.

Reporter : *"M. Burton, est-ce que vous avez appris quelque chose de Liz Taylor ?"*
R. Burton : *"Oui, après avoir fermé notre porte, la nuit !"*
E. Taylor : *"En es-tu sûr ?"*
...(Rires)...

« Pour nous, ils étaient toujours disponibles. Liz et Eddie, Burton et Sybil. Toujours disponibles. Mais jamais Liz et Burton ensemble... On les suivait pourtant, jour après jour et 24 heures sur 24. Puis nous avons retrouvé deux personnes, sur une route de campagne. Nous avons reconnu Burton de face et une femme blonde de dos, personne ne voulait me croire ! »

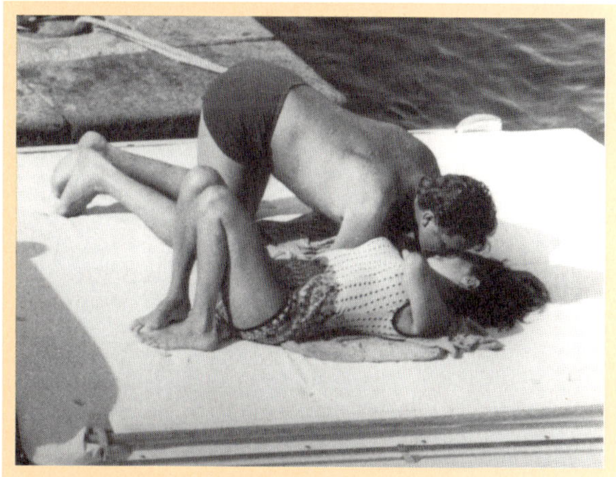

« Finalement, quelques jours après je les ai coincés à la sortie d'un night-club ; cette fois, elle était de face et toujours blonde. Elle portait une perruque pour se faire passer pour Sybil. »

Marcello Gepetti, paparazzi

Elle en était consciente, l'apprivoisant lentement; docile, dominée, prête à tout pour qu'il continue à se pencher sur elle. Finalement, comme Antoine, il lia son destin à celui de Cléopâtre.

Il lui en avait beaucoup coûté de devoir quitter Sybil, sa première femme et sa meilleure amie. Elle éprouvait du remords en pensant à Eddie reparti vers l'interminable toboggan enfumé de la dégringolade des cabarets.

Pourtant, après un an de tournage à Rome, leur joie d'être ensemble parut si éclatante que même leurs adversaires hésitèrent à les condamner encore.

Un panache de liberté joyeuse scintillait longuement après leur passage, fascinant la presse pour qui les stars sont si souvent dures et insaisissables. On comprit qu'ils s'aimaient tellement qu'ils avaient décidé de faire partager leur plaisir d'exister à la terre entière. Richard avait fait repartir la croisière du tour du monde interrompue par la mort de Mike Todd. Pourtant, si le capitaine avait changé, la figure de proue du vaisseau traversant le flot des passions était toujours la même: Elizabeth Taylor. Leurs films se confondaient avec leur histoire d'amour. La critique les méprisait, mais le public leur était fidèle; bien qu'effarés par leurs exigences financières, les producteurs se battaient pour les avoir sous contrat. Elizabeth avait appris à Richard qu'il faut demander beaucoup d'argent pour être respecté.

Une dizaine de films, Mankievicz, Minelli, Nichols, Zeffirelli et Losey, un nouvel enfant en plus des trois premiers, les affaires reprennent chez Van Cleef and Arpels, on change la moquette du Berkeley après chaque passage des pékinois, il y aura des chèques pour tout le monde, non merci juste un peu de glace dans le Bourbon... et dans le regard cette joie d'être ensemble qui ne s'éteint pas.

Richard avait appris à Elizabeth qu'il est possible de progresser sans cesse dans le métier de comédienne. Ils étaient égaux et partenaires, vivant l'un pour l'autre, avec le travail pour se dépasser et pour se rejoindre encore.
Elizabeth n'avait jamais pensé qu'elle pourrait lier son destin à celui d'un autre homme après Mike Todd. Et maintenant elle acceptait gaiement que sa personnalité se fonde dans celle du couple qu'elle formait avec Richard, tandis que lui, exigeant et puritain, s'amusait de ses caprices d'enfant gâtée, de sa manière à la fois si tape-à-l'œil et si chaleureuse de parler aux rois et aux milliardaires. La princesse Margaret était devenue leur amie après un dîner copieusement arrosé où Elizabeth avait initié une assemblée d'altesses aux sonorités un peu frustes d'un langage plutôt vert. On n'avait jamais appris auparavant à un orphelin du pays de Galles et à la sœur de la reine que la joie de vivre, bien mieux que la rancœur ou la réserve, abolit les frontières.

Seuls les pékinois finalement posaient un problème. C'est ainsi que les charmantes petites bêtes dont Elizabeth ne se serait pas séparée pour un empire, après avoir dévasté plusieurs suites des palaces parisiens, imposèrent la location d'un yacht ancré sur la Tamise pour leur éviter les affreuses rigueurs d'une quarantaine. Mais Richard ne faisait pas le détail : il avait pris les petits monstres avec le reste.

« Si Elizabeth me quitte dans six mois, elle ne s'en tirera pas comme ça : je suivrai la bague ! »

Richard Burton

Les goûts artistiques d'Elizabeth témoignaient également d'une sorte d'authenticité primitive qui suscitait des commentaires divers auprès des amateurs éclairés. Richard orienta les achats de son épouse. Elle dépensa gaiement deux fois plus puisque c'était désormais pour lui plaire.

Leurs séjours en Amérique se faisaient rares. Loin des ligues puritaines et de la cynique brutalité marchande de ses grands studios, l'Europe raffinée et cultivée leur avait ouvert les bras. Au bal Proust de Ferrières, ils séduisirent ainsi les cercles les plus secrets du grand monde élégant et l'œil pourtant blasé de Cecil Beaton, parce qu'ils s'amusaient comme des jeunes gens ingénus et timides.

Elizabeth cependant avait aussi beaucoup regardé toutes les reines de Paris assemblées autour d'elle. C'est sûr, il lui avait manqué quelques bijoux pour le bal. Richard opta donc pour une espèce de météorite, reconnu comme le plus gros diamant du monde, qui par son ampleur paralysait exquisement plusieurs phalanges de son épouse ; il l'assortit de diverses parures, tiares et rivières à un rythme tel que les grands bijoutiers internationaux eurent l'impression que les rois du pétrole étaient soudain devenus pauvres. La princesse Margaret, ayant eu l'honneur de diverses présentations en exclusivité des fabuleux joyaux, agrémentées d'explications enthousiastes et de comparaisons intimidantes, voulut bien déclarer, suave et dévorée d'envie, que tout cela était « délicieusement original ».

Mais en revanche les séances de pose pour les couvertures des magazines se révélèrent un peu plus compliquées à mettre en place : il est toujours difficile de photographier un arbre de Noël illuminé tout au long de l'année puisque chaque jour est une fête ; il y a trop de reflets qui bougent sans cesse et les projecteurs paraissent braqués sur l'objectif.

Reporter : *"Miss Garland, quels sont vos projets maintenant ?"*
Judy Garland : *"Être heureuse. Être absolument et totalement heureuse !"*

Parfois aussi les brouillards d'Angleterre rapportaient de sombres souvenirs. Elizabeth avait croisé dans un palace de Londres une pauvre épave au sourire frêle, Judy Garland, qui s'accrochait au bras d'un mari qui aurait pu être son fils. Cette fois, Elizabeth resta silencieuse, mais il fallut plusieurs jours à Richard pour éloigner le fantôme du vieux Mayer et celui de sa victime.

« Ça pouvait tourner en une seconde au drame. Quand ils venaient à Ferrières, on entendait des hurlements, puis ils descendaient avec deux heures de retard et c'était la lune de miel. Les invités étaient atterrés, mais eux allaient très bien. C'était... disons, assez passionnel. »

Baronne Guy de Rothschild

Les enfants partageaient leur vie errante. Et avec la petite Maria, adoptée dans un orphelinat de Vienne, leur union s'affirma encore un peu plus.

Pourtant de funèbres messages leur parvenaient d'Hollywood. Elizabeth avait retrouvé Montgomery Clift, parvenu aux dernières marches de sa descente aux enfers. Avec l'aide de Richard, elle tenta de soustraire l'acteur aux pourvoyeurs qui le rançonnaient en lui fournissant de la drogue et ces garçons des faubourgs et de la rue sans lesquels il ne pouvait plus vivre. En vain. Les souvenirs communs n'avaient plus de prise sur le partenaire d'*Une place au soleil*, désormais enchaîné aux univers de l'ombre où l'attendait la mort.

Parfois aussi d'étranges lassitudes les éloignaient l'un de l'autre. Des excès d'alcool brouillaient les itinéraires moins assurés de leur amour. Il fallait alors toute la diplomatie d'Elizabeth, soudain inquiète et dégrisée, pour que Richard accepte d'affronter la foule, qui les réclamait joyeusement, et apaiser la presse avec ce calme imperturbable qu'elle savait garder au cœur des orages. Toutefois, peu à peu, ces affrontements descellaient insidieusement l'abri de leur confiance, griffaient leurs âmes, et insinuaient l'inquiétude et la peur au cœur même de leurs élans réciproques.

Richard Burton : *"Je ne te crois plus. Nous ne pourrons plus jamais nous entendre."*
Elizabeth Taylor : *"C'est un défi ?"*
Richard Burton : *"Appelle cela comme tu veux."*
Elizabeth Taylor : *"Tu auras ce que tu as voulu !"*

Qui a peur de Virginia Woolf ?
Mike Nichols 1966

Ils vécurent la production et le tournage de *Virginia Woolf* comme une tentative d'exorcisme. Mais la course des années, les enfants qui se marient, l'habitude de l'alcool, les dressaient de plus en plus souvent l'un contre l'autre, même s'ils se refusaient à l'admettre. Richard reprochait à Elizabeth d'avoir vampirisé sa carrière ; et elle était trop honnête pour ne pas sentir qu'elle lui avait effectivement fait perdre quelque chose sans discerner ce que cela pouvait être.

Il paraissait souffrir de plus en plus. Elle s'éloigna brutalement avec Maria en espérant que ce départ les sauverait, si triste qu'elle en était indifférente à laisser voir sa détresse et sa colère, tandis qu'il regrettait déjà son absence et l'appelait auprès de lui.
Ils se retrouvèrent en Israël. Elle était toujours restée fidèle à la foi que lui avait enseignée Mike Todd et Richard voulait la rejoindre dans un lieu, des circonstances où ils n'auraient plus que l'essentiel à partager. Là, il lui demanda de rester auprès de lui.
En s'éloignant du monde, ils parvenaient à recouvrer le meilleur de leur amour. C'est ainsi qu'ils voyagèrent de plus en plus loin, égarant la presse que le temps et d'autres stars avaient rendu moins curieuse. Ils avaient divorcé sans éclat ni discussions matérielles. Au Botswana, ils se remarièrent, laissant comme d'habitude sur leur passage des fortunes à des œuvres charitables.
Mais nul n'échappe au jour où vient le moment du retour parmi les autres. Ils surent reconnaître qu'ils n'avaient plus la force d'assumer la violence de leur amour. Elizabeth était très lasse. Richard la laissa repartir. Elle avait perdu l'habitude de l'Amérique et Hollywood l'avait oubliée. Elle voulut changer de vie pour donner le change et se lia avec John Warner, un homme politique à la carrière prometteuse.

Mais seules lui importaient les nouvelles qui lui parvenaient de Richard. Comme elle savait qu'il ne reviendrait pas, elle se vengea contre elle-même, détruisant cette beauté qui n'avait pu le retenir.
Pour John Warner, ce n'était pas si grave qu'elle fût devenue grosse en accusant son âge.
Avoir fait d'Elizabeth Taylor une mamie épaisse et mal attifée, semblable aux groupies républicaines du Middle West qui, entre deux hamburgers, rêvent d'un beau gosse sur le chemin de la Maison-Blanche, n'était-ce pas un argument électoral ?
Cela ne prouvait-il pas qu'il valait bien mieux que tous les hommes d'Hollywood ?
Elizabeth laissait faire, aimable et détachée de tout orgueil et de tout souvenir, absente au monde comme à elle-même.
À quoi bon se battre, puisque cela n'empêche pas de perdre ce que l'on a de plus cher au monde ?

Auprès de Jehane Sadate, où John Warner l'avait envoyée pour impressionner ses électeurs, elle eut soudain un peu honte de s'être laissée vaincre. Et si Richard, tout de même, décidait de l'appeler ? Il allait mal, ne tournait plus guère, buvait pendant des nuits entières. Elle vint à son secours en essayant d'améliorer son apparence. Ils décidèrent de reprendre les rôles singulièrement autobiographiques d'une ancienne pièce de Noel Coward pour une exténuante tournée américaine, saluée par les sarcasmes de la critique et les applaudissements chaleureux d'auditoires provinciaux s'écrasant dans des théâtres à guichets fermés. L'acteur Richard Burton n'avait jamais aussi bien joué la comédie du « rien n'a changé ». Il parvint même à lui cacher qu'il était en train de mourir.

Avec George Hamilton — « Dearest Georgy! » —, et avant Michaël Jackson — « He's my pussy cat » — , Malcolm Forbes — « Such a good friend » —, et le gentil jumeau de Rambo qui porte actuellement les valises — « We are desperately in love ! »

« J'ai rencontré Richard dans le Midi. Il était marié depuis très peu de temps avec quelqu'un d'autre. Quand il m'a vue, il m'a emmenée sur un canapé et m'a parlé de Liz pendant des heures. Avec passion et avec fougue. Il ne l'a jamais oubliée et elle non plus ! »

Baronne Guy de Rothschild

Un peu plus tard, au moment de sa mort dans ce petit village sur le bord du Léman où il avait trouvé une paix éphémère, et quand on l'enterra parmi les cris de ses vieux ennemis les reporters qui le tenaient enfin à leur merci et mitraillaient son cercueil comme les animaux du monde sauvage se disputent la dépouille d'un roi foudroyé, elle demeura invisible.

Au centre Betty Ford où l'on traite les alcooliques acharnés à se détruire, on ne transmet aucune nouvelle, et surtout pas les mauvaises : c'est inscrit dans le règlement. Il ne faut pas compromettre les chances des malades, si ténues soient elles.

Mais, un peu plus tard encore, pour les sœurs de Richard Burton, au cœur de leur petit village du pays de Galles, l'Américaine entre deux âges, un peu trop grosse, un peu trop blonde, qui avait tant de mal à les quitter après être venue les voir sans prévenir, était bien cette femme dont leur frère leur avait dit, au moment de mourir, qu'elle lui avait apporté tous les bonheurs du monde.

Oui, Richard l'avait aimée telle que l'avait aussi aimée Mike Todd, forte, possessive et résolue. Oui, Richard s'était appuyé sur cette énergie et sur cette volonté qui n'appartenaient qu'à elle. Oui, Richard avait retrouvé auprès d'elle tout ce que ses années de jeunesse lui avaient fait perdre.

Oui, c'était elle qui avait été la plus innocente et la plus tendre, et c'était elle encore qui était demeurée à ses yeux aussi belle qu'au premier jour.

Oui, c'était lui qui avait eu le premier le souffle court.

Cléopâtre
(J.L. Mankiewicz, 1963).

Plus tard, alors que les souvenirs la rejoignaient pour ne plus la quitter, dans la cabine déserte de l'avion privé qui la ramenait d'Angleterre vers Hollywood et le cinéma, Elizabeth Taylor sentit enfin se desserrer l'étreinte de ses renoncements et de ses remords. Il était temps de reprendre le cours des années anciennes balayées par la défaite, et de redevenir soi-même pour être fidèle et témoigner.

Ne vous étonnez pas de la beauté de la femme en sombrero qui traverse rapidement le hall d'un grand hôtel escortée d'une foule attentive à prévenir ses désirs, et de celle qui sourit radieuse aux flashes des photographes avant de gravir les marches d'un palais de festival où le public l'attend debout afin de lui rendre hommage : elle a seulement retrouvé cette lumière pour laquelle des hommes l'aimèrent, mais qui n'éclaire plus maintenant pour elle que la mémoire de ceux qu'elle a aimés.

FAROUK

«Je prie Dieu de m'accorder que je fasse le bonheur de la Nation et que je réalise tout le bien, toute la grandeur que je lui souhaite. Je ne cherche qu'à reformer, dans toute la mesure de mes forces.»
Premier message de Farouk au peuple Égyptien, 1937.

« Lorsque nous nous sommes éloignés, j'eus soudain le cœur serré. Farouk, je le savais, échouerait en exil comme il avait échoué en roi. Mais c'était un être si profondément humain et malheureux qu'il était impossible de lui en vouloir et de se réjouir de son naufrage. »
En ce jour de juillet 1952, où l'été de l'Égypte et les clameurs d'un soulèvement militaire embrasent la baie d'Alexandrie, le général Néguib vient de saluer une dernière fois le roi d'Égypte qu'il a détrôné avant son départ définitif. Ses camarades Nasser, Sadate, Amer l'ont laissé faire. Pour cette révolution sans cruauté, le regret accompagne l'espoir et le pardon est accordé aussitôt à celui que l'on exile. Les brutalités surviendront plus tard.
Depuis l'ascension de Nasser et son déclin, les convulsions sanglantes du monde arabe, le raz de marée démographique, l'effacement de l'Europe ont totalement modifié la réalité de l'Égypte et la perception que nous en avons.
Il ne reste plus de Farouk que la caricature d'un potentat oriental, digne réplique de Barbe-Bleue pour le racisme

latent de l'Occident et pour bien des dirigeants arabes qui ont intérêt à noircir le passé afin qu'on ne s'interroge pas sur un présent pourtant bien sombre.
Cependant, ni Sadate ni Moubarak n'ont accablé Farouk après sa mort lorsqu'ils ont été à leur tour confrontés au difficile exercice du pouvoir en Égypte et aujourd'hui encore toute une culture atteste de l'éclat de la civilisation du Caire durant son règne.
Sur la route qui conduisait des Pyramides aux boîtes de nuit de la via Veneto, Farouk n'a pas rencontré le sphinx, mais la défaite de ses illusions, l'effondrement de sa réputation, et une mort qui demeure décidément bien mystérieuse.
Mais peut-être était-il précisément celui-là même qui sait le destin des êtres et des peuples, préférant s'évanouir pour que l'Égypte pût poursuivre un autre chemin; le dernier sphinx gardant ses énigmes pour soi et acceptant que l'oubli les recouvre avec la farouche volonté de silence qu'il opposait aux jugements de l'histoire.

« Aime-moi,
Écoute mon cri et sonde mon regard
Tu peux deviner mon amour.
Ne me fais pas souffrir
Puisque je suis incapable de parler. »

Oum Kalsoum

« Parmi tous les souverains de la famille, c'est certainement celui qui a le plus aimé son pays ; l'Égyptien de la rue, le fellah, il avait un contact extraordinaire avec eux. Ça ne s'est pas su, ne s'est pas montré, pour moi c'est assez dramatique. »

Fouad II

Juillet 1937 ; la lumière du désert étincelle au long des perspectives de la grande cité du Caire où l'Égypte tout entière paraît s'être rassemblée pour célébrer le couronnement d'un immense espoir dont Oum Kalsoum chante jour et nuit la ferveur résonnant depuis les palais d'Alexandrie jusqu'aux plus humbles foyers du Saïd : Farouk vient de quitter le dernier rivage de son adolescence pour recueillir l'héritage du plus ancien et du plus beau royaume du monde. Depuis son retour d'Europe, à la mort de son père quelques mois plus tôt, le peuple du Nil dont la sagesse et la douceur ont traversé intactes cinq mille années d'histoire parsemée de gloire et de décadence, comme de prospérité et de misère, a compris que le jeune roi est bien fidèle à son nom : il est Farouk, celui qui sait discerner le vrai du faux, le bien du mal.

Son règne sera celui de la justice et de la loi. Il l'a proclamé à plusieurs reprises à travers ces postes de radio que l'on trouve parmi les villages les plus reculés, dans cette langue arabe dont il possède parfaitement la poésie et la noblesse.

Et pour la première fois depuis plusieurs siècles, c'est l'ensemble du peuple avec ses souvenirs, ses chagrins et ses rêves qui entre par la démarche tranquille du jeune roi, dans le somptueux palais du Parlement et parmi les hiérarques chamarrés et intimidants de l'État moderne. Le premier partage vient de s'incarner : la confiance succède aux temps incertains et amers.

Longtemps, l'Égypte avait vécu sans mémoire, aveugle parmi les indéchiffrables trophées d'un passé sans limites ni repères et soumise aux conquérants multiples que fascinait leur mystérieuse et formidable grandeur.

Bonaparte, en rêvant de se saisir des clés de l'empire des Indes, fit surgir une vie nouvelle du lit de la vieille endormie, réveillant ce désir d'exister qui ne grandit qu'avec celui de se souvenir.

Dans le tumulte qu'il laissa derrière lui, Méhémet-Ali, aventurier des confins balkaniques, qui cherchait sa chance au Caire comme d'autres le firent en Amérique, s'empara du pouvoir par la violence et par la ruse.

Assemblant les méthodes de l'Empire ottoman dont il avait appris à abuser la décadence et le savoir de l'Occident qu'il assimilait avidement, le feu de l'islam et les braises bien attisées des chrétiens coptes, il retrouva l'identité profonde de l'antique royaume des pharaons dont Champollion venait de lui donner les clés pour organiser la résurrection de l'Égypte et son retour parmi les puissances du monde moderne.

Le barbare échappé des convulsions de l'Europe, et l'ondoyant séide des Turcs détachant un à un les liens de sa vassalité avaient compris l'un et l'autre que la maîtrise de l'avenir de l'Égypte passait par celle de son histoire.

Ainsi, Méhémet-Ali puis ses successeurs n'eurent de cesse d'arracher leurs secrets aux formidables tombeaux où était enfermée la mémoire de l'Égypte, reliant leur légitimité toute neuve à celle des souverains antiques et captivant l'Europe comme un étranger le ferait d'un enfant en lui racontant qu'il détient le passé de sa famille.

Ainsi, Farouk accédait au trône alors que Carter et Lord Carnavon venaient de franchir en tâtonnant le dernier labyrinthe qui les avait conduits auprès d'un autre roi de dix-sept ans, Toutankhamon, et l'Égypte unissait dans ses rêves la liesse du nouveau règne et la splendeur miraculeusement préservée du pharaon retrouvé.

“ *Dieu nous a retiré l'espoir.* ”

Leïla Mourad

Cependant, pour Méhémet-Ali et sa lignée, comme pour les rois de l'Ancien Empire, l'Égypte était demeurée ce don du Nil en vérité si coûteux qu'un peuple de fellahs s'épuisait depuis toujours à en acquitter la facture pour ses maîtres. La patience et la sagesse des habitants s'étaient certes façonnées au rythme immuable des mouvements du fleuve. Mais avec l'introduction du coton, le long oasis serpentant à travers plusieurs milliers de kilomètres de désert avait vu grandir ses richesses immédiatement confisquées par une classe de grands propriétaires, tandis que les felouques continuaient à naviguer calmement sur des flots de résignation noble et de misère silencieuse. Le Caire résumait ce bond de l'histoire et cette fracture de la société. Chaque jour des paysans misérables venaient s'y établir dans l'espoir d'attraper une miette du festin des riches. La ville était si vaste et l'islam y était resté si pur qu'on crut longtemps que la vie s'y déroulerait toujours à peu près sans violence : la communauté des chrétiens coptes, héritière en droite ligne du premier peuple antique, ne vivait-elle pas sa foi sous une complète tolérance ?

Dans les quartiers neufs, frénétiquement édifiés sur le modèle du Paris du second Empire, des communautés étaient venues de toute la Méditerranée pour s'établir au plus près de la prospérité des puissants.

Et du côtoiement encore harmonieux de tant de mondes divers était née cette Égypte moderne qui venait de s'avancer devant Farouk avec le visage, la beauté et la grâce réservée d'Asmahan.

*« Je jure au nom
du Dieu tout-puissant
de maintenir
la Constitution et les lois
de la nation égyptienne. »*

Farouk

Malgré sa jeunesse, Farouk avait très bien perçu ce que seraient les enjeux d'un règne où il faudrait unir sans blessures le savoir de l'Occident et la pureté d'un islam fraternel et tolérant, pour construire un monde équitable qui soit digne du génie de l'Égypte.
Ne venait-il pas d'affirmer devant les députés soupçonneux que la grandeur d'un roi ne réside que dans celle de son peuple et qu'il fallait donner aux pauvres ce qui leur était dû, sans même qu'ils le demandent ?
Et l'assentiment éperdu des multitudes à sa personne n'avait-il pas renforcé sa volonté d'être toujours fidèle au pacte d'alliance qu'il venait d'exalter ?
Cependant à côté du Nil, une autre artère courait sur la gorge de l'Égypte : le canal de Suez. Or, la grande idée du khédive Ismaël, le grand-père de Farouk, avait aussi causé sa ruine et son exil, et sur la fenêtre qu'il avait fait ouvrir sur le monde par son ami Ferdinand de Lesseps, le Premier ministre anglais Disraeli s'était empressé de coller des barreaux britanniques soigneusement protégés par des escadrons de banquiers et de militaires.
En somme, c'était le sang des puissances étrangères qui coulait dans cet autre fleuve où glissait le va-et-vient des fortunes coloniales hargneusement opposées à un partage équitable et indifférentes au perpétuel infarctus de la fierté égyptienne.
Cependant, le régime de protectorat, voilé, méticuleusement organisé par les Anglais, avait été combattu par les Égyptiens dès l'origine. Or, la Grande Guerre leur avait fourni l'occasion de durcir leur domination en affaiblissant un peu plus le pouvoir du trône dont ils contrôlaient désormais la succession. Au début des années vingt, un leader nationaliste, Zagloul Pacha leur opposa alors un mouvement de résistance obstinée : le Wafd.
L'homme d'État et son parti devinrent très rapidement le dernier rempart protégeant le peuple de l'arrogance coloniale. L'Égypte avait été fidèle aux Alliés, déchirant les ultimes liens qui l'avaient unie à la Turquie et fournissant ses hommes et ses matières premières en abondance pour l'effort de guerre, et cependant le Congrès de Versailles l'avait écartée en ricanant du concert des puissances. Le vieux leader, porté par une vague populaire de colère et de ressentiment sans

précédent, crut alors pouvoir déclencher une révolte organisée qui ferait fléchir l'Angleterre.

Mais les masses dépassèrent bientôt les mots d'ordre et l'Égypte s'enfonça brusquement dans un incontrôlable enchaînement d'émeutes et de répressions brutales, d'où la puissance de l'Angleterre sortit renforcée, méprisant les fruits amers qui ne tarderaient pas à naître de la moisson sanglante de la rue.

Et une fois l'orage dissipé par le feu et la mitraille, les hauts-commissaires britanniques, courtoisement reçus par le grand chambellan de la cour, le très aimable et tout aussi secret Hassanein, se bercèrent à nouveau de l'agréable illusion du retour de la douceur d'exister dans un pays si raffiné et si bien contrôlé.

À leur suite, les communautés étrangères oublièrent la chaleur de l'alerte et se remirent à confondre les qualités d'hospitalité des Égyptiens avec la facilité des habitudes coloniales et l'acceptation immobile d'une soumission injuste.

Tout de même, le sortilège de l'Égypte fut aussi parfois le plus fort, nourrissant les rêves agrémentés de quelques cocktails bien frappés des Européens étourdis par les promenades au pied des pyramides, les croisières sur le Nil, et le tourbillon des obligations mondaines avec l'hippodrome de Gezirah le matin, les effusions clandestines des rendez-vous adultères de l'après-midi et l'incessant cortège des bals du soir où la gentry des satellites de la cour intimidait de son savoir-vivre de languides jeunes gens au teint pâle flanqués de leurs parents éblouis et cramoisis. Et l'on vit longtemps s'approcher dans les élans d'un même désir de vivre que chacun voulait soudain éternel et sans frontières, les poèmes de Constantin Cavafy, les romans de Lawrence Durrell et les chants d'Oum Kalsoum, si radieux qu'ils paraissent aujourd'hui encore s'être emparés de la lumière même du soleil d'Alexandrie.

“ *Laisse ceux qui m'avaient rendue heureuse,*
insouciante et romantique.
Viens et partage, oh, lumière de ma vie,
le bonheur qui nous lie lorsque nous sommes réunis ! ”

Oum Kalsoum

Fouad Ier. Les Anglais avaient favorisé son accession au trône. Ils découvrirent un adversaire redoutable, sous des dehors de matamore.

Cependant, le prince Fouad, sixième fils longtemps demeuré pauvre et retiré du khédive Ismaël, venait d'hériter du trône gravement dévalué par les Anglais.

Les manières brusques et l'ascension obscure de cet homme mal connu et vieillissant lui avaient valu un énorme avantage aux yeux du Foreign Office : celui de déplaire à peu près à tout le monde en Égypte.

Or, sous des allures de bouledogue aggravées par une voix sourde, conséquence d'une balle qu'il avait reçue lors de l'échange de coups de feu ayant mis fin à un premier mariage tumultueux, le nouveau souverain dissimulait une culture étendue et raffinée, une intelligence aiguë et une volonté peu commune, dont il se servit pour développer d'une manière foudroyante l'université, les collèges et un vaste réseau d'institutions sociales.

Ayant méthodiquement observé l'enlisement du Wafd dont il approuvait le nationalisme, mais jugeait sévèrement les méthodes, il prit le relais de ses tentatives : les Anglais acceptèrent alors un nouveau traité qui desserrait leur étreinte. L'Égypte devenait un royaume indépendant et entrait dans la Société des Nations.

Et tandis qu'on en était encore à Londres à se demander comment avait pu se glisser une telle erreur d'appréciation dans le scénario colonial, le roi Fouad multipliait les visites internationales et les réceptions des souverains étrangers.
L'italie, où il avait suivi enfant le khédive Ismaël en exil et dont il appréciait le roi, les dialectes et le passé historique, retenait ses préférences, car l'appui d'une puissance moyenne lui semblait utile et efficace pour contrer l'influence anglaise sans éveiller sa méfiance.
Mais tandis qu'il paraissait souscrire aux méthodes fortes et militaires où Victor-Emmanuel avait cru trouver le soutien de sa couronne, c'est dans le secret de son cabinet qu'il élaborait les stratégies subtiles lui permettant d'étouffer un à un ses adversaires sans même qu'ils s'en rendent compte. Bientôt son habileté devint proverbiale, tandis qu'il usait lentement le Wafd et les Britanniques sur lesquels il avait toujours une intrigue d'avance, s'appuyant sur les traditions et l'islam, naviguant non sans détours mais sans relâche, vers cette terre nouvelle qu'il faisait émerger : l'Égypte moderne.
Redouté par la rue impuissante à le comprendre, mais plus encore par les riches qu'il poursuivait autant par désir de revanche personnelle que par goût de la justice, terrifiant ses ministres et intimidant jusqu'aux Anglais, il fut subtil au point de se faire craindre comme un despote alors qu'il était toujours demeuré pacifique, érudit et libéral.

La reine Nazli et le petit Farouk. Élégante et fantasque, la reine d'Égypte se mourait d'ennui dans ses palais. Elle prit sa revanche à la mort de son mari; au delà de toutes ses espérances et à la consternation générale.

Sa personnalité riche et complexe, mâtinée d'habiletés italiennes et de tortueuses stratégies ottomanes, et à laquelle s'étaient fanatiquement attachés quelques-uns des meilleurs esprits du royaume, l'avait aussi incité à multiplier les masques au fur et à mesure de ses progrès.
Sobre et détaché des plaisirs, il s'entoura ainsi d'un décorum impressionnant pour tous ceux qui s'en approchaient, dont les palais flamboyants, carambolages de faux Louis XV et de vraies turqueries, lui assurèrent un prestige écrasant à travers tout l'Orient, assez peu versé il est vrai dans la sobriété du modern style.
Néanmoins, le roi Fouad nourrissait une faiblesse qu'il avait enfermée loin des regards à défaut de pouvoir la maîtriser: sa seconde épouse, la reine Nazli, qui venait de lui donner un fils, Farouk.

« Le roi Fouad a élevé ses enfants d'une façon très traditionnelle, un peu éloignée de lui. Il s'est beaucoup préoccupé de son rôle de roi et il a eu peu de temps pour s'occuper de ses enfants comme on le ferait aujourd'hui.
Le roi Farouk, mon père, en a certainement souffert. »

Fouad II

Le petit prince héritier était l'otage inconscient de la réclusion dorée de sa mère. Son enfance se déroulait ainsi dans un univers irréel où entre la poussière brûlante du désert et les assourdissants cloaques du Caire, l'Égypte s'était métamorphosée à l'abri d'une muraille impénétrable en un palais de conte de fée serti dans un immense et flamboyant parc à l'anglaise.
Vivant avec ses sœurs, entouré de dragons britanniques chargés de lui inculquer les bonnes manières, gâté par sa mère qui reportait sur lui les passions exaltées d'une femme ardente et contrainte, il garda pour toujours le goût d'être au centre de l'intérêt des femmes, une inquiétude latente à l'égard d'un monde extérieur résumé par les bruyantes intrusions surprises de son père, et une affection violente pour le petit

peuple des cuisines et des jardins dont il se sentait obscurément solidaire.

Tout de même, il était aussi très intelligent, désireux de bien faire, et son père, une fois qu'il le fit pleurer par une remarque sévère, se jura ensuite de ne jamais porter la main sur un enfant si tendre et qui ressemblait tant à sa mère, toujours aimée et jamais conquise.

Le roi Fouad voulait se libérer des derniers vestiges de l'occupation anglaise. Fidèle à ses habitudes, il manifesta notamment un regain d'intérêt très vif pour les armements britanniques afin d'endormir l'adversaire. Farouk adolescent l'accompagnait maintenant dans ces cérémonies à double fond.

Le roi en retira bientôt de sérieux motifs d'inquiétude. Les bonnes manières de Farouk cachaient des abîmes d'ignorance et s'il se tenait bien auprès de son père, il ne paraissait posséder aucune des clefs qui lui seraient nécessaires pour exercer plus tard un pouvoir serré par la morgue d'une puissance étrangère et les permanentes intrigues du sérail politique.

Leçons interrompues, précepteurs s'inclinant devant les caprices, parfums de la reine Nazli flottant sur la salle d'étude et rires de moins en moins farouches des dames d'honneur croisées dans les couloirs : il était temps de reprendre Farouk en main.

Farouk et ses sœurs. Enfance heureuse dans une cage dorée. Papa n'est jamais là, Maman reçoit ses amies, les nurses se plaignent de la chaleur et les professeurs sont toujours contents de leurs élèves.

Le roi se sentait vieillir et comme il pensait aux nombreux collèges qu'il avait fondés et à l'éducation sévère et candidement patriotique qu'on y dispensait, les plus grandes fiertés de son règne, il eut peur soudain qu'il ne soit trop tard pour son fils.
Mais avec sa bonne volonté coutumière, Farouk le rassura : oui, il ferait un effort, oui, il deviendrait lui aussi, l'un de ces jeunes gens du Nil appelés à construire l'Égypte nouvelle.

> “ *Jeunes fils du Nil,*
> *Piliers de notre génération !*
> *L'Égypte vous appelle*
> *Répondez à l'élan d'une noble destinée.*
> *Répandez la connaissance et le courage.*
> *et avancez droits*
> *en deux colonnes d'espoir.* ”
>
> *Oum Kalsoum*

En s'éloignant de l'Égypte pour commencer enfin des études sérieuses en Angleterre, Farouk eut le sentiment qu'il se rapprochait de son père ; le roi Fouad n'avait-il pas assuré sa propre éducation lui-même en s'exilant durant de longues années en Europe ? Il fut donc inscrit dans une académie militaire anglaise à la réputation sévère. Nazli avait beaucoup pleuré en le voyant quitter l'enceinte dorée qui avait abrité son enfance et l'avait adjuré de se méfier de tout et surtout des mauvaises femmes qui, paraît-il, sont partout chez elles en Angleterre. Le roi Fouad avait dit de faire attention à l'alcool et aux dépenses excessives et avait dépêché le grand chambellan Hassanein avec toute une suite pour éviter les écarts.
Mais aucun contrôle n'était nécessaire : Farouk s'adapta parfaitement au changement de ses habitudes et à la discipline.
Farouk mesurait en effet la différence entre sa nouvelle éducation de prince et l'adolescence exilée et austère qu'avait connue le roi

d'Égypte. Il prit l'habitude de lui écrire de longues lettres sérieuses et réfléchies auxquelles son père répondait par des mots affectueux dont seuls ses intimes le savaient capable.
Puis le roi d'Égypte cessa un jour de répondre; Hassanein téléphonait sans cesse au Caire. Farouk comprit: à plusieurs milliers de kilomètres de lui, le vieux bouledogue à l'âme si généreuse venait de mourir.
Certains hommes ne paraissent grands qu'après leur mort et ce n'est qu'à l'instant de ses funérailles que l'Égypte sentit ce que signifiait en termes d'irréparable douleur, la perte de la formidable personnalité du roi Fouad et l'importance de ce qu'il avait accompli pour elle. Et pour la première fois, on vit la rue, si longtemps réticente lui rendre le plus sincère des hommages, à travers un concours de foules immenses.

> “ *Le roi Farouk a commencé à comprendre la difficulté*
> *et la grandeur du règne de son père*
> *lorsque lui-même est devenu roi.*
> *Les circonstances ont fait qu'il a,*
> *malheureusement, régné beaucoup trop tôt.* ”
>
> *Fouad II*

Farouk était désormais roi d'Égypte. Mais que savait-il du pays qui réclamait maintenant à cor et à cri son retour, alors qu'il n'avait découvert les pyramides qu'au sortir de l'enfance ?
Hassanein veillait sur lui, avec d'autant plus d'attention qu'une rencontre de son pupille avec Édouard VIII lui avait laissé un sentiment d'inquiétude diffuse. D'étranges rumeurs commençaient à circuler sur la liaison du roi avec une américaine divorcée et sur son abdication éventuelle.
Si les mauvais exemples régnaient à Buckingham, comment le protégerait-il contre les intrigues et la corruption toujours menaçante de la cour du Caire ?

Le premier geste de Farouk fut de s'incliner sur la tombe de son père, en jurant avec le regret intense de l'avoir si mal connu, qu'il serait toujours fidèle à sa mémoire.
Au dehors de la mosquée l'attendait ce premier mystère qu'il brûlait de comprendre et de servir : le peuple d'Égypte. Et comme il appelait à chaque déclaration la bénédiction de Dieu pour l'aider à poursuivre les réformes de son père, les foules devenaient de plus en plus denses et de plus en plus ferventes sur son passage, renforçant sa volonté de réussir et son inquiétude de ne pas être préparé pour y parvenir.
Hassanein savait aussi ce que masquaient ces images d'une jeunesse triomphante. Farouk en fait regrettait amèrement son éducation gâchée. Il décida de rester auprès de lui.
Mais pour la reine Nazli, une fois le chagrin passé, les portes des palais royaux s'étaient enfin ouvertes sur une vie nouvelle ardemment et longuement désirée.
Le conseil de régence aurait voulu que Farouk reparte en Angleterre pour au moins deux ans. Mais pouvait-on faire confiance à des princes qui avaient toujours été brimés par le roi Fouad ? La reine décida de compléter elle-même les études éphémères de son fils, en Europe bien sûr, mais à sa manière, qui était celle des palaces et de la grande vie plutôt que des austères collèges militaires.
Cette fois, Hassanein pouvait redouter toutes les embardées du destin auxquelles il avait si bien soustrait Farouk jusque-là.

Il paraît qu'on s'amusa beaucoup cette année-là aux sports d'hiver de Saint-Moritz et que la société cosmopolite fut très heureuse d'admettre ensuite la famille royale égyptienne aux plaisirs raffinés d'une brillante saison parisienne.
Pourtant Farouk était lucide et il écoutait Hassanein qui l'incitait dans l'ombre de la fête à regagner Le Caire sans plus tarder : au-delà des heureuses surprises galantes des grands hôtels, c'était sur les rivages du Nil que se trouvait le seul grand amour véritable, celui de l'Égypte pour son jeune roi et que proclamaient les chansons et les films.
Son discours d'avènement lui permit alors de balayer les équivoques et d'affirmer qu'il était bien le roi dont rêvait l'Égypte.

Farouk, en vérité, tentait de rattraper à marche forcée tout ce qu'il n'avait eu le temps d'apprendre. Il multiplia les gestes populaires, distribuant une part considérable de ses terres, visitant les provinces reculées, et réformant les règles de promotion de l'armée afin que les soldats du rang puissent devenir officiers.

L'allégeance à sa personne était unanime à travers le royaume, mais il veillait particulièrement à la fidélité des militaires depuis que Hassanein lui avait fait comprendre à quel point certains de ses ministres jalousaient son écrasante popularité.

Cette attention était d'autant plus nécessaire que les vieux amis italiens de son père avaient singulièrement changé de genre et de méthodes.

En Libye, Mussolini, sans doute quelque peu échauffé par le soleil du désert, avait théâtralement brandi le glaive d'une hypothétique guerre sainte et s'était autoproclamé sultan honoraire de l'Islam.

Il n'était en somme pas nécessaire d'avoir fait de grandes études pour comprendre ce que signifiaient ces routes toutes neuves qu'il avait tracées dans les sables, parsemées d'arcs de triomphe vers Alexandrie, ni ce qu'il fallait entendre dans l'obscur cliquetis de vaine grandeur qui résonnait durant les parades crépusculaires qu'il faisait défiler aux portes de l'Égypte.

En fait, nul ne doutait plus de l'intelligence de Farouk qui, avec un sens des formules lapidaires et des traits d'humour appliqués à son propre détriment, mettait chacun à l'aise à son contact, les officiels comme les plus humbles, en leur inspirant ces sentiments qui cimentent les grands efforts collectifs : celui de sa modestie et de son besoin de se faire aider par ceux qui paraissent les plus compétents.

Et puis, il connaissait maintenant à fond l'histoire du royaume et il veillait à inscrire son action dans la continuité de l'ancienne Égypte et de sa famille retrouvant les meilleures inspirations de Méhémet-Ali et du khédive Ismaël.

Depuis que Hassanein lui avait fait aigrement remarquer qu'il ne servait à rien qu'un si jeune homme collectionnât si fébrilement les montres pour être toujours en retard, il s'efforçait d'être ponctuel et de respecter le protocole d'acier institué par son père.

Mais en somme, c'était austère et plus il se rapprochait du gouvernement véritable, et plus la complexité des êtres et des faits lui paraissait difficile à maîtriser.

Or, en ces années-là, les tentations d'Alexandrie et du Caire, où le tourbillon des plaisirs s'acharnait à vouloir masquer le spectre multiforme de la misère, s'insinuaient dans les cercles du pouvoir et à la cour, enveloppant peu à peu celui qui pourrait en devenir la plus belle proie : le roi d'Égypte.
Pour les norias de serviteurs des palais, les intermédiaires et les fournisseurs en tout genre, mais aussi les ministres, les dirigeants du Wafd, les Anglais et la reine Nazli, quel mal pouvait-il y avoir à ce qu'un jeune homme s'amuse un peu le soir, surtout lorsqu'il en résulte que le roi d'Égypte dort le matin quand il y a tant de petites et grandes affaires dont on peut s'occuper pour lui ?
Pour briser l'envoûtement rampant qui avait gagné ses antichambres Farouk se mit à chercher celle dont l'amour conforterait son énergie vacillante, une épouse qui fût belle et forte comme Leïla Mourad par exemple.

“ Tu es ma vie et mon âme,
la vie sans toi est vide.
Noyée dans l'océan de ma passion,
ma peine est profonde.
Je crie et je me lamente.
Mais tu ne sais pas mon amour
que je me suis sacrifiée pour toi. ”

Leïla Mourad.

C'est ainsi qu'il entraîna Safinaz Sulficar à le rejoindre dans la nuit scintillante du Caire où des centaines de milliers de fellahs étaient venus de toute l'Égypte pour célébrer leur amour, afin qu'elle devienne sa femme avec le seul nom qui s'était imposé à son cœur et dont il la désigna toujours, Farida, l'unique, la sans-égale.
Il n'y aurait plus jamais de sentiment de solitude dans l'interminable succession des salons où glissaient des courtisans courbés et chucho-

tants, ni de ces instants de morne ennui au sortir d'un Conseil où des ministres ayant trois fois son âge l'accablaient de textes et de chiffres en soulignant doucereusement qu'il comprendrait plus tard, alors que son intelligence avait déjà éclairé ses réflexions, ni ces obscurs accès d'abattement devant l'ampleur de la tâche à entreprendre et ces tentations soudaines de sortir du palais et de se mêler à la vie de la rue pour être enfin à peu près comme les autres.

Farouk était si assuré d'avoir fait le bon choix, et le peuple paraissait tant l'approuver de s'être penché sur une jeune femme qui n'appartenait pas au monde des princesses royales, qu'il avait imposé des noces semblables à celles de l'Occident, où l'on put voir la nouvelle reine à visage découvert.

Et, en vérité, Farida était sans doute la meilleure épouse qu'il pût trouver: intelligente, instruite et volontaire, elle confondit aussitôt l'amour de son mari avec celui de l'Égypte dans ce désir éperdu de bien faire qu'il attendait d'elle avec d'autant plus d'espoir qu'il avait redouté de le voir s'affaiblir en lui.

« Nos cœurs s'attendrissaient et l'amour jaillissait des profondeurs de nos âmes réunies. »

Oum Kalsoum

La reine Farida.
Elle fut le grand amour de jeunesse de Farouk. Mais l'absence d'un héritier mâle, les intrigues de la cour eurent raison de son acharnement à vouloir protéger le roi. Des foules considérables ont suivi récemment ses funérailles au Caire, après des années d'exil, de silence et de pauvreté.

Ainsi très vite, Farida, jamais à court d'énergie, devint également son auxiliaire, notant sur de grands cahiers les noms, les caractéristiques, tous les détails concernant ceux qu'ils avaient à rencontrer, présidant inaugurations et cérémonies, et faisant naître peu à peu l'idée qu'il pouvait y avoir en Égypte d'autres femmes modernes que les étrangères arrogantes ou les danseuses que courtisaient les hommes.
Bientôt naquit leur première fille, Feryal, aimée par Farouk, comme s'il se fût agi d'un prince héritier.

Il ne se passait pas de jour sans qu'un nouveau geste ajoutât à sa gloire. Les foules écoutaient religieusement ses discours en une langue si pure et poétique et qui relayée par la T.S.F. jusque dans les villages les plus reculés, frappait les esprits d'un peuple aimant les images et les songes.
Et sa foi qui fut toujours très profonde et sincère, affirmait qu'il était bien le frère des hommes du royaume, s'inclinant comme eux devant la seule gloire qui comptât pour eux, celle du dieu d'islam.
Qui d'autre que lui, et mieux encore que son père, pouvait embrasser les étoffes sacrées du Mahmal avant qu'elles ne partent chaque année pour La Mecque ?
Mais le fracas du monde se rapprochait de l'Égypte et l'héritier de la couronne d'Iran, Mohammad Reza venait d'arriver au Caire pour épouser Fawzia, la première, la plus belle des sœurs de Farouk. Unir la famille de Méhémet-Ali à celle de Reza Pahlavi, condottiere persan, implacable et farouche, qui s'était assis sur le trône des paons quinze années plus tôt après avoir chassé la dynastie des Qâdjars et qui sabrait dans des traditions séculaires pour frayer à coups de bottes et d'éclairs de génie un chemin vers la puissance au nouvel empire, était certes un pari risqué qui demanderait beaucoup d'énergie à celle qui le relèverait, mais enfin Fawzia avait compris les enjeux d'une telle alliance pour l'Égypte et elle s'était promise au jeune prince iranien en sachant qu'elle comblerait ainsi la stratégie de son frère.
Farouk organisa des fêtes éblouissantes pour lui faire sentir le prix qu'il accordait à son geste, il est vrai soutenu chaleureusement par les princesses de la cour, trop contentes d'éclabousser les sévères visiteurs iraniens avec le grand style du Caire.

L'impératrice Fawzia.
Lorsqu'il la rencontra dans les années 40 à Téhéran, Cecil Beaton fut abasourdi par sa beauté et sa tristesse. N'ayant jamais supporté d'être séparée de l'Égypte, elle y a traversé discrètement les années Nasser, après son divorce. Elle y vit toujours, remariée avec un officier supérieur proche du régime actuel.

Puis il la vit s'éloigner d'Alexandrie au bras du prince, le cœur serré parce qu'il l'avait toujours aimée et qu'il éprouvait une mélancolie sourde à l'idée qu'elle se fût unie à un jeune homme si beau et prometteur.

Les premières nouvelles de Téhéran confirmèrent ses regrets. Reza le Grand avait salué les noces par une parade militaire glaciale et il présentait sa belle-fille à ses ministres avec la satisfaction rayonnante d'un milliardaire de fraîche date qui vient de mettre la main sur une princesse de rêve, malgré les sourires embarrassés du jeune couple et l'humeur toujours égale mais discrètement détachée de Fawzia.

Et la reine Nazli pour qui tout voyage même à destination de Téhéran, était une délicieuse occasion d'évasion, eut soudain le sentiment que ses années auprès du roi Fouad avaient été bien faciles en comparaison de celles qui attendaient sa fille dans ce lointain empire du Nord.

Mais Farouk avait désormais d'autres soucis. Aux célébrations du Caire, l'ambassadeur sir Miles Lampson était venu tout sourire lui rappeler aimablement les obligations de l'Égypte à l'égard de l'Angleterre au cas où éclaterait la guerre.

En effet, malgré les ultimes efforts du roi Fouad, l'Égypte devait accorder toutes les facilités nécessaires aux armées anglaises en cas de conflit.

Or, la guerre venait de se déchaîner brutalement, Mussolini déjà s'agitait théâtralement dans les sables, et d'étranges touristes allemands médiocrement attirés par la visite des pyramides et l'égyptologie, visitaient attentivement les installations industrielles et portuaires du royaume dont ils enfournaient les intéressantes perspectives dans leurs Leica flambant neufs. Aux manœuvres militaires anglaises, Farouk était venu au volant de sa Mercedes offerte par Hitler, dangereuse consolation, mais en somme il n'en avait guère d'autres.

Relayant les forces italiennes en pleine débâcle, les chars de Rommel fonçaient maintenant sur les si belles routes du désert construites par Mussolini, dans le but cette fois clairement déclaré de s'emparer de Suez pour trancher la veine jugulaire de la résistance anglaise et du monde libre ; en revanche, les Anglais appliquant le traité, accumulaient des armées considérables dans toute l'Égypte la transformant en toute hâte en une immense forteresse qui barrerait le chemin à l'invasion brune.

Bien qu'elle ne fût pas officiellement en guerre avec l'Allemagne, l'Égypte vivait désormais au rythme du va-et-vient des offensives élastiques du seigneur de la guerre germanique et des injections massives de renforts venus de tout le Commonwealth qui traitaient le royaume en pays conquis et avec d'autant plus de mépris, que les radios du Renard du désert et sa personnalité chevaleresque appelaient ouvertement au soulèvement général contre les Anglais en multipliant les preuves de propagande annonçant leur défaite imminente.

Farouk se débattait vainement dans un piège où les étudiants du Caire chantaient : « Nous sommes les soldats de Rommel » et où les Alliés insultaient son pays et sa personne avec la même violence.

> “ *Certainement, pour sa stature dans l'histoire,*
> *s'il avait quitté l'Égypte pendant la guerre,*
> *sous la contrainte, il serait apparu comme le défenseur de la souveraineté*
> *égyptienne et l'histoire aurait complètement changé de cours.* ”
>
> *Fouad II*

Lorsque Rommel parvint aux portes d'Alexandrie, le pays était si épuisé par l'effort d'une guerre étrangère et sa propre armée était si amèrement travaillée par l'humiliation nationale que Farouk sentit que la Werhmacht serait accueillie en libératrice.
Il resta cependant fidèle au traité, insistant seulement pour que l'arrogance cède au profit de la défense des intérêts civils et que l'on épargne les populations alors que les bombardements ravageaient le grand port de la Méditerranée. C'était sans compter avec l'ambassadeur sir Miles Lampson dont l'humeur n'était plus aux plaisantes politesses de cour et qui surgissant au milieu des ruines, exaspéré par l'attitude de l'opinion et de l'administration égyptienne comme par les recommandations d'un roi qu'il appelait sarcastiquement le gosse, exigea soudain de Farouk qu'il confiât le gouvernement au Wafd de Nahas Pacha qui avait renié ses anciennes ambitions pour retrouver le pouvoir et régler de vieux comptes avec le trône.
Farouk résista tant qu'il put au complot d'une alliance contre nature, entre l'ancienne puissance coloniale et un parti réputé nationaliste. Il regroupa tous les anciens ministres autour de lui mais sir Miles Lampson avait déjà fait entourer le palais de blindés et aboyait dans son bureau au milieu d'une escorte armée pour qu'il cède ou qu'il abdique. Farouk céda. Quoi qu'il pût advenir à l'issue de la guerre, l'Égypte était sûre de recueillir les fruits empoisonnés de toutes les défaites : la misère, les destructions, l'abaissement du pays et la honte infligée à son roi.
Sir Miles Lampson put retourner aux aimables effusions des ambassades. Aimant les Égyptiens comme un maître ses domestiques et méprisant Farouk à l'égal d'un intendant, il avait conclu dans une dépêche que leur humiliation lui avait fourni l'occasion de l'une de ses meilleures journées depuis longtemps, à la fois instructive et amusante. Et s'il pouvait imaginer que le jeune roi se vengerait un jour, il ignorait que c'était Hassanein qui lui avait conseillé de céder et de refuser d'abdiquer pour lui laisser préparer sa revanche.
Bref, sa victoire était plus fragile et dangereuse qu'il ne l'avait escomptée même si elle avait porté un coup terrible à Farouk.
Les Anglais maîtrisaient désormais l'Égypte sans partage, avec l'appui du Wafd et de Nahas Pacha qui avaient sacrifié leur réputation et leur honneur à leur soif de puissance et de revanche.

Sir Miles Lampson et Farouk. Sorti d'un film de Lubitsch remonté par Hitchcock, Sir Miles méprisait Farouk et le traitait avec une condescendance insultante. Le roi d'Égypte le détestait en tentant de jouer au plus fin. C'était sans compter avec ce qui manque sur la photo de cet aimable déjeuner champêtre : les tanks de sa majesté qui ne doivent pas être bien loin.

Dans le Caire livré à la soldatesque étrangère et transformé en bordel pour les permissionnaires, Farouk demeurait invisible, on disait qu'il cachait son accablement durant le jour et le noyait la nuit dans les plaisirs des rues chaudes.

Alors, peu à peu, l'Égypte du désespoir lui retira sa confiance et son amour, en cherchant à retrouver dans les ténèbres l'écho de sa fierté perdue.

L'arrivée de Churchill survint au moment où des vagues successives d'assassinats frappaient tour à tour les nationalistes et les Alliés, emportant des ministres, des sans-grade, et jusqu'à Asmahan, l'idole de la jeunesse égyptienne, mystérieusement prise au piège de la guerre des espionnages. Il fut frappé par l'état de déliquescence dans lequel la guerre avait plongé le pays, observant que le Wafd profitait du désordre des arrières pour s'enrichir et se corrompre, et redoutant que l'effort de reconquête ne fût compromis sur des bases si mouvantes.

Il demanda à voir Farouk que sir Miles Lampson vint accueillir avec des civilités empressées. Sa détresse et son affaiblissement moral le frappèrent. Le gouvernement de Sa Gracieuse Majesté n'avait-il pas commis une erreur grave en torpillant ce jeune allié désormais à la dérive ?

Churchill connaissait les défauts et les faiblesses des rois, mais il admirait qu'ils puissent incarner les espoirs de leur peuple et il ne comprenait pas ce qui s'était passé au Caire pour que le lien si fort unissant Farouk à l'Égypte fût ainsi déchiré.
Farouk ne put lui fournir la réponse. Il venait d'être grièvement blessé dans un accident de voiture qui l'avait un peu plus enfoncé dans sa prostration et son isolement.
Or, pendant ce temps, les cabarets faisaient fortune et notamment ceux où se produisait une certaine Samia Gamal dont Farouk disait qu'elle était la femme la plus désirable d'Égypte.

« Pourquoi as-tu retiré ta lumière, astre de la nuit ?
As-tu honte de moi ?
L'amour serait-il un péché ? Aie pitié de deux amoureux
qui ne recherchent que le bonheur,
dans le souvenir de ta lumière. »

Chanson de Leïla Mourad

Farida avait assisté, impuissante, à la succession de plus en plus rapide de ses disparitions nocturnes et entendu les rumeurs qui lui prêtaient des aventures. Mais elle se refusait à imaginer qu'il pût préférer à leur amour et à la réalité tragique de l'Égypte le bonheur éphémère et factice des cabarets. Elle était bien la seule à la cour à vouloir le voir encore tel qu'elle l'avait connu et non tel qu'il était en train de devenir.
Il fallut bien admettre peu à peu les preuves que l'on accumulait malignement devant elle ; elle se mura dans le silence et le chagrin en repoussant ceux qui l'avaient servilement instruite.
Farouk reparut enfin, terriblement changé, avec trente kilos de plus et le visage fermé. Il n'avait pas vingt-huit ans et paraissait avoir accumulé toutes les fatigues d'une longue vie et d'un règne interminable et cruel.
Mais aussi, c'était étrange, le roi Ibn Saoud comme Roosevelt, sur le chemin du retour de Yalta qui le ramenait en fait vers la mort, furent

Ami intime, conseiller dévoué et stratège subtil de Farouk, amant secret de la reine Nazli, Hassanein était certain d'une victoire à l'usure du jeune roi sur les Anglais. Sa mort soudaine déjoua ce pronostic en laissant Farouk seul avec ses tentations, et la reine mère très accompagnée par toutes sortes de nouveaux amis.

impressionnés par son intelligence demeurée intacte comme par l'étendue et la perspicacité de ses réflexions sur l'état du monde et le rôle qu'y jouerait l'Égypte. Et puis parfois l'ancienne gaieté ressurgissait, juvénile et charmeuse, détrompant l'apparence. Il y avait maintenant une part d'enfer dans le cœur de cet homme et une autre qui persistait à croire en l'avenir et à refuser l'échec, et il était impossible de déterminer quelle était celle qui prendrait l'avantage.

Durant le coup de force de sir Miles Lampson, Farouk s'était appuyé sur Hassanein et ses conseils pour ne pas perdre tout espoir ; le plan du grand chambellan de l'ombre s'accomplissait maintenant méthodiquement : Nahas Pacha était écarté et les Anglais évacuaient enfin la citadelle du Caire.

Mais pour y parvenir il avait fallu remuer toutes les boues des coulisses du pouvoir et des corruptions de l'Égypte et du Caire. Ainsi, Hassanein était le mieux à même de savoir d'où venaient les boursouflures du Mr Hyde royal.

Pourtant la corruption et le cynisme s'effaçaient dès qu'il était avec le peuple des humbles, et il se réjouissait d'ouvrir son palais, à la rupture du jeûne, pour que la ferveur commune de leurs retrouvailles jette enfin un peu de lumière sur le repaire de ses stratégies opaques.

L'Égypte avait aussi beaucoup changé durant la guerre : des proscrits du monde entier venaient y tenter leur dernière chance dans le désordre des fortunes nouvelles, des ascensions suspectes et de cette pauvreté de la rue accueillante aux réfugiés désargentés.
Farouk avait aussi la qualité d'être fidèle. Il abrita les derniers jours de Victor-Emmanuel d'Italie et de la reine Hélène dans une villa d'Alexandrie, et recueillit avec tous les honneurs Zog et Géraldine, ruinés et abandonnés du monde entier après avoir vainement réclamé sur le palier de toutes les ambassades une justice pour l'Albanie et un refuge pour leur défaite.
La grimace du destin qui faisait se côtoyer chez lui deux anciens rois dont l'un avait autrefois cannibalisé l'autre, aiguisait son scepticisme. Et comme il rappelait à Zog sa parabole fameuse sur les cinq rois (« bientôt, il ne restera plus que les quatre rois du jeu de cartes et celui d'Angleterre »), il lisait dans le regard embué de la dernière reine du pays des aigles, perdu dans le souvenir des fastes enfuis de Tirana, la mort inévitable et prochaine du phénix égyptien.
Mais Farida refusait désormais le déploiement des ombres. À contrecœur, elle s'éloigna.
Les intrigues du Caire avaient éloigné Farida, « la sans-égale », celles de Téhéran ramenèrent Fawzia, « la première ».
Au cœur du fastueux trompe-l'œil des palais iraniens où glissait une cour aux bruissements impénétrables, la jeune impératrice, peu après l'avènement de son mari, avait été frappée par une mystérieuse maladie de langueur et l'amour du chah n'avait pu dissiper les fièvres du souvenir.
La mort dans l'âme, il avait accepté qu'elle revînt en Égypte et rien n'avait pu la décider à quitter une seconde fois sa terre natale. Sa sœur Faïza, la « gagnante » d'un harmonieux mariage, observait silencieusement les aléas du cœur altérant des couronnes déjà fragiles. Mais comment aurait-elle pu reprocher à la plus belle des princesses égyptiennes de n'avoir su oublier cette chaleur et cette lumière dont les enveloppait le royaume de leur frère ?
Farouk, qui ne se consola jamais du départ de Farida, veilla d'autant plus à apaiser la détresse de Fawzia. Mais déjà la menace d'un autre échec corrodait les bases mêmes de sa famille.
La reine Nazli voulait quitter l'Égypte. Farouk nourrissait à l'égard de sa mère les sentiments ambigus d'un fils gâté qui a reçu trop

d'amour pour ne pas juger qu'il en mérite encore. Et comme il retrouvait au plus secret de ses propres faiblesses la séduction charmeuse et la fantaisie romanesque de la reine, il lui reprochait d'incarner gaiement et sans remords tout ce qu'il regrettait d'être. Or, une intime tragédie venait de les frapper l'un et l'autre, avec la nouvelle de la mort mystérieuse de Hassanein. Il avait appris que le fidèle absolu était aussi l'époux secret de sa mère. Sa présence les avait tenus rapprochés. Sa perte les sépara.

La reine Nazli, entraînant Fathia, sa dernière fille, glissa bientôt dans cette vie balnéaire occidentale où elle avait toujours rêvé de rencontrer le grand amour. Mais aux casinos des sentiments de Riviera on trouve plutôt de fausses cartes du Tendre. Approuvée par sa mère, Fathia fit un mariage de demi-monde, qui s'acheva dans le crépuscule crapuleux des vrais gangsters. Farouk ne les revit jamais. En Égypte, le scandale fut énorme.

« Souffrir n'a pas amoindri mon âme. Cela ne peut diminuer mon amour à jamais penché vers d'autres amours ou me faire approcher rien d'autre que toi. »

Oum Kalsoum

Ibn el Saoud et Farouk.
La guerre est finie; une autre commence... contre la lassitude, les plaisirs et les kilos en trop. Farouk a été touché par la première et il se demande s'il ne sera pas coulé par la seconde.

Mais si l'Égypte condamnait Farouk pour l'inconduite de sa famille en lui reprochant de donner, nuit après nuit, le mauvais exemple, force était de reconnaître qu'il manœuvrait toujours très habilement en politique.
Il profitait notamment du repli général de l'Angleterre essoufflée pour édifier depuis Le Caire les bases d'une unité arabe qui connaîtrait plus tard sans lui bien des vicissitudes. La capitale égyptienne n'était plus seulement le terminus ensablé et exotique de l'Europe ; il en avait fait le centre d'un ensemble de nations jadis asservies et désormais en plein essor. Et même le roi Abd Allah, patriarche frugal et circonspect de la Jordanie des Hachémites, qui le vitupérait depuis Amman, ne pouvait s'empêcher de subir une sorte de charme agréable lorsqu'il se retrouvait devant lui.

Cependant, les Anglais venaient de quitter la Palestine comme un aigrefin trop pressé laissant derrière lui la bombe à retardement de ses fausses promesses, et déjà Israël et les Arabes s'affrontaient au cours d'émeutes sanglantes.
Farouk n'avait jamais été antisémite ; sa famille avait toujours protégé les nombreuses communautés non islamiques d'Égypte, qui en faisaient la richesse, et sa liaison avec Camelia, une jeune étoile des studios du Caire née dans une famille juive d'Alexandrie, était connue de tous.
Pourquoi tomba-t-il, comme tant d'autres, dans le piège infernal qui venait de s'ouvrir entre Jérusalem et Tel-Aviv ? Le conflit devait être rapide et limité. On détruirait Israël et on garderait les Juifs avec soi, loin de leurs vrais ennemis, comme au temps où ils étaient associés à la splendeur des dieux du Nil.
Farouk s'était trompé d'histoire et de guerre, alors que Ben Gourion avait lu la fin du Grand Livre, celle où le peuple élu échappe à l'étreinte de Pharaon, porte la désolation dans les rangs de son armée et possède la Terre promise.
L'ascétisme du vainqueur fit aussi ressortir la profusion et la licence du vaincu. Farouk était loin d'être le seul responsable de la guerre, mais il était le plus voyant à défaut d'être le plus fanatique.

Il y avait plus grave : mal commandée et mal équipée, l'armée avait servi à couvrir de multiples trafics où trempaient certains cercles de la cour. Pour les pauvres hères stupéfaits d'être prisonniers d'Israël et pour le petit peuple du Caire, Farouk était tout simplement devenu le diable coupable de la damnation de l'Égypte.

Le diable : "*Je sens une odeur*
humaine qui n'est pas la vôtre.
Qu'est-ce qui ne va pas chez
vous, les démons mes frères ?"
Les démons : "*Cette fille est belle,*
nous voulons la garder
pour toi."
Le diable : "*Allons, laissez-la ;*
l'amour n'a pas de maître."

Comédie musicale

Mais non, pourquoi voulez-vous que j'interdise ce film ? Je ne l'ai jamais fait. Le Calypso, le Palmyra, l'Auberge des pyramides, la dernière fois c'est pour ce soir, ou pour demain soir peut-être, après la jeune troupe des danseuses françaises, enfin, plus tard. Quant à la presse, elle peut bien écrire ce qu'elle veut puisqu'elle est libre. Tenez, les photographes, rapprochez-vous, amusez-vous aussi. Regardez le potentat oriental. Et puis vos fiches de police ne sont pas bien faites. Ce ne sont pas les hommes politiques qu'il faut redouter pour le roi, ils sont bien plus corrompus que lui. Cherchez plutôt du côté de ces officiers libres qui n'ont pas démérité aux yeux du peuple. Je connais leurs noms, le général Néguib, qui sait où se trouvent les trafiquants de la guerre perdue, le colonel Nasser, que les Israéliens eux-mêmes appellent le tigre. Ce qu'il faut faire ? Mais comme d'habitude. Rien, bien sûr.

Asmahan

Néguib

Farouk à Deauville

Nasser

Leïla Mourad

Samia Gamal

Début des années 50. Le souvenir d'Asmahan flotte encore sur « Hollywood on the Nile », Leïla Mourad invente le tango arabe et Samia Gamal brise le cœur des groupies de Farid el Ahacme. Mais Farouk paraît déjà ailleurs, à Deauville par exemple, tandis que les officiers libres, dans le secret de leurs casernes, préparent d'autres partitions et d'autres images. La couronne sur le col de Nasser n'est plus là pour longtemps.

Depuis l'Europe où il s'était rendu pour la première fois depuis quinze ans, offrant à la grande presse jamais rassasiée une mayonnaise inespérée de sensations fortes, Farouk s'interrogeait sur le mal de l'Égypte avec une anxiété secrète et l'entourage qui avait si souvent trahi ses meilleures intentions frémit discrètement lorsqu'il annonça qu'il reprendrait tout à zéro dès son retour ; et s'il s'avisait de tenir parole comme l'assurait Fawzia à certains de ces officiers au patriotisme désespéré qui se confiaient encore à elle ?
En commençant par se marier, par exemple, avec cette jeune fille dont la famille n'avait jamais été mêlée aux scandales et aux coteries du Caire, Narriman Sadek ?
En vérité, Narriman n'était pas cette petite oie blanche que des parents ambitieux auraient vendue à l'ogre pour assurer leur fortune comme le rapportaient les journaux étrangers.
Elle savait ce que l'on disait du roi et de ses aventures nocturnes, elle avait entendu les rumeurs du désenchantement populaire et elle voyait bien que la liesse des noces avec Farida avait singulièrement pâli dans les rues du Caire.
Mais elle avait été profondément touchée par le mélange de force, d'expérience et d'humour désabusé de celui qui l'avait choisie.
En somme, elle aimait le roi d'Égypte.
En Europe où « mes nuits avec Farouk » était le « sésame ouvre-toi » de la presse pour des bataillons de jeunes starlettes à la carrière indécise, on cria voracement au Barbe-Bleue.
Or, durant la croisière de leur lune de miel, Narriman perçut à quel point la personnalité de Farouk était plus complexe que sa réputation ne le laissait croire.

“ Son apparence physique l'a beaucoup desservi.
J'ai du mal à m'expliquer pourquoi.
On n'a pas vu que chez mon père cela reflétait une grande force,
un grand appétit pour la vie.
On ne l'a pas jugée comme on l'a fait pour Orson Welles par exemple. ”

Fouad II

Ce gros homme, si souvent immobile devant les caméras, bougeait, nageait, vivait à la même vitesse stupéfiante des reparties cinglantes dont il clouait les flatteurs. Ce collectionneur fanatique et enfantin convoitait surtout des boîtes d'allumettes et des illustrés et dépensait en revanche des sommes considérables pour venir en aide à tous ceux qui faisaient appel à lui. Cet ignorant avait appris plusieurs langues étrangères et s'intéressait à tout. Ce débauché était un sentimental qui s'accrochait aux conquêtes les plus éphémères ; ce cynique était un timide préférant la vie simple aux fastes des palais royaux, et ce joueur faramineux que les croupiers appelaient entre eux « la locomotive » ne se couchait jamais avant l'aube parce qu'il était économe de son sommeil et qu'il travaillait à n'importe quelle heure, mêlant les rapports et les bancos, les arbitrages et les plaisanteries dans un ordre connu de lui seul mais efficace qui était celui d'une soif de vivre dont le seul but qui comptât vraiment fut son amour de l'Égypte.

Tout de même, on sentit quelque chose de cette force lorsqu'il présenta Fouad, le fils qu'il avait tant attendu, en le serrant dans ses bras et le visage impénétrable. Aussi, rien n'était facile lorsqu'on vivait auprès d'un tel homme à ce théâtre du pouvoir où il s'était attribué avec une joie sombre le meilleur rôle, celui du méchant.
Et tandis qu'il visitait avec attention l'opéra du Caire, on aurait surpris les dignitaires confus et tremblants, si on leur avait dit comme il regrettait secrètement de n'avoir pu changer sa partition contre celle idéale que la voix de l'Égypte entonnait sur la scène, avec les traits d'Oum Kalsoum. Cependant le gouvernement des hommes par leurs faiblesses touchait à sa fin. Les séquelles de la défaite devant Israël étaient ineffaçables et l'enquête sur les trafics militaires conduisait au palais.
Le Wafd, discrédité et corrompu, crut habile de lancer l'exaspération des foules contre la dernière et la plus détestée des occupations anglaises : celle du canal de Suez.
Mais le feu échappa au contrôle des apprentis incendiaires et Le Caire tout entier se trouva plongé dans un brasier où s'abîmèrent avec les symboles de l'influence anglaise, ceux du régime et de la couronne.

Avertissement silencieux et particulièrement inquiétant, la police et l'armée avaient laissé faire et Farouk parcourut longuement à la nuit tombée, seul, sans ses ministres terrorisés, les ruines du séisme qui allait l'emporter.
Cependant il profita de la stupeur pour tenter de renverser encore la situation à son profit.
L'évanouissement en fumée des partis politiques qu'il avait si patiemment usés les uns contre les autres ne lui avait-il pas rendu sa place de dernier rempart de l'ordre et de la résistance à l'Angleterre ?
Les blindés de Néguib vinrent alors soudain balayer les équivoques de la politique du pire ; Farouk se trouvait au palais d'été d'Alexandrie avec Narriman, ses filles et le petit prince Fouad, et il avait suivi tout au long de la nuit la progression foudroyante de cette révolution sans effusion de sang, en interdisant que l'on résiste.

Farouk, Narriman et le petit Fouad. L'héritier tant attendu est enfin là, mais Le Caire est en flammes. Tout le monde pense cependant que Farouk a renoué avec la chance et que cette dernière crise va lui permettre d'écarter ses adversaires et d'assurer l'avenir de son fils. Tout le monde, sauf les officiers libres.

Il voulut nommer Néguib Premier ministre, mais les officiers libres lui répondirent en lui demandant d'abdiquer. Il signa l'acte à deux reprises parce que sa main avait tremblé la première fois et la seconde était peut-être pour Hassanein qui n'était plus là pour la retenir.
Arrachement de ce divorce d'Égypte où l'on pleura autant pour celui qui s'en allait que pour ceux qui venaient d'arriver. Plusieurs officiers libres auraient voulu qu'on l'exécutât, mais Néguib avait dit « Laissez faire l'Histoire, elle le condamnera à mort bien plus sûrement que nous. »
On se contenta donc de promener un faux Farouk sous les horions de la foule et d'ordonner à la marine qu'elle lui rende les honneurs tandis qu'il s'éloignait parmi les supplications et les pleurs d'une autre multitude, celle de ses fidèles.
Un salut amer pour un autre chaleureux, c'était somme toute un départ équitable.
Néguib ne voulait pas qu'on l'accable et il désirait que l'Égypte garde un roi, le petit prince Fouad, mais comment faire régner un enfant que l'on emporte ?
Les marins du *Marroussa* auraient aimé le tenir auprès d'eux et ils firent voguer le grand navire aussi lentement qu'ils le purent. Farouk avait toujours été le meilleur roi des équipages, des sans-grade du service et de la cuisine, des pauvres types sur qui personne jamais ne se penche, leur parlant comme à des frères enchaînés ainsi que lui-même à une tâche obscure. Ils s'étaient serrés les uns contre les autres pour lui baiser la main et leurs appels retentirent sur la mer longtemps après qu'il eut disparu à leur regard.
Des touristes s'étonnèrent à l'heure de la promenade du soir, lorsque les ombres s'étendent sur le petit port de Capri : mais enfin pourquoi cet inconnu à la silhouette lourde et tassée, s'obstinait-il à garder des lunettes noires en fixant la mer, et pourquoi leur faisait-il signe impatiemment de ne pas faire de bruit et de rester tranquilles alors que cela faisait longtemps déjà que l'on n'entendait plus la sirène du grand yacht de l'aurore reparti à la rencontre de la nuit ? Non, il n'y avait assurément rien à contempler, plus d'adieu, et nul naufrage.
Au cours de l'une de leurs confrontations violentes, Nahas Pacha l'avait entendu dire d'une voix sourde : « N'oubliez pas que je suis le pouvoir derrière le trône ! ». Et le vieil adversaire était resté silencieux, car cette formule insolite était la vérité même. Mais que représentait

maintenant ce vacancier comme tant d'autres, éloigné d'un trône vide cerné de militaires et cajolant un roi si menu qu'il n'aurait pu s'y asseoir ni même comprendre qu'il existait ?
De la bonne copie, en tout cas, pour les essaims de paparazzi qui bourdonnaient en permanence autour de la famille royale. En effet, dans tous les journaux à grand tirage on réclamait le monstre.
Qui s'avisa pourtant de voir qu'on pouvait flatter les bouffées morbides du grand public, parce que précisément Farouk ne cachait rien et se comportait de manière simple et naturelle, et qui voulut comprendre que le despote pharaonique avait toujours été un père qui ne laissait à personne d'autre qu'à lui-même le soin de protéger sa famille ? Ses filles auraient pu rester auprès de Fawzia que les officiers libres entouraient de prévenances, mais elles avaient demandé d'elles-mêmes à le suivre. On ne quitte pas un homme pareil quand il est votre père et qu'il trouve à chaque instant du grand plongeon une phrase tendre et amusante pour faire croire qu'il s'agit d'une chute horizontale.

Farouk, Narriman, Fouad et les jeunes princesses à Capri.
Regards figés et lunettes noires, Capri c'est encore plus fini que dans la chanson et ce qui commence est bien incertain. Le patron de l'hôtel est déjà en train de demander qui va payer la note.

Cependant, Narriman était un peu perdue avec ce mari qui distribuait des billets d'une livre aux reporters en leur disant : « Tenez, c'est ma meilleure photo ! », tandis que sa gentille et prévoyante maman, accourue sans crier gare, lui détaillait les affreux récits de la presse du Caire, et les discrets messages de Néguib à la mère du nouveau roi d'Égypte.

Il aimait l'Italie dont le passé, le peuple, les chaleurs estivales lui rappelaient l'Égypte. Mais au Caire, il ne fait jamais froid et l'on nage sur les plages d'Alexandrie jusqu'en décembre, tandis qu'il n'y a rien de plus triste qu'une villa balnéaire près de Rome quand les palmiers s'estompent dans les brouillards humides de l'automne. Narriman venait d'avoir vingt ans. N'y aurait-il donc que des larmes de pluie sur son avenir ? Elle s'enfuit soudain.

À Genève, d'affables émissaires lui avaient parlé du devoir de la dernière reine à l'égard de l'Égypte et de la couronne de son fils.
Vous verrez, c'est tout simple, il suffit de prendre l'avion, votre présence nous permettra de protéger ce qui mérite de l'être.
Narriman comprit très vite en effet comme c'était simple, alors qu'elle était cernée par l'infatigable et bruissante meute des journalistes, et qu'elle se sentait abandonnée de tout ce qui avait un jour si fort compté pour elle ; elle serait l'otage qu'attendaient les officiers libres pour accabler Farouk.
Et en vérité, personne ne parut étonné qu'elle se présentât sans le jeune roi son fils à ce qui était devenu la convocation militaire d'une république prochaine. Ni les officiers qui voulaient en finir, ni ceux qui savaient que Farouk ne laisserait jamais le petit Fouad se faire prendre au piège, ni elle-même puisqu'elle avait tout perdu.
Au Caire, Nasser sortit enfin de l'ombre dans laquelle il s'était toujours tenu depuis que l'un des premiers actes de Farouk lui avait permis de devenir officier. Il écarta Néguib, en s'y reprenant à deux fois pour venir à bout d'une résistance opiniâtre, et abattit les derniers vestiges du trône.

Les marées humaines qui saluaient en lui le retour de l'espoir, celui-là même que Farouk avait fait lever une première fois sans savoir le retenir, les enfants de l'Égypte mêlant le nom de force et de beauté de Gamal aux appels d'Oum Kalsoum pour lui être fidèle, après qu'elle eut si souvent chanté pour l'exilé ; le peuple des fellahs du Nil et des laissés-pour-compte des mille tyrannies de la grande ville se pressant autour de leur dignité reconquise crurent-ils à la vérité de la légende noire accablant le roi déchu ?

Et vinrent-ils à ces enchères dérisoires où des officiers provinciaux et affolés, subtilement cornaqués par les jeunes attachés un peu trop courtois de l'élégante maison Sotheby's, dispersèrent les tapis de la Savonnerie avec les montres en plastique, et les œufs de Fabergé avec des articles érotiques pour récompense familiale de fête foraine ? Rêvèrent-ils d'être admis parmi la meute hétéroclite des amateurs avisés, des vautours fortunés et des voyeurs, fétichistes et colporteurs de rumeurs en tout genre qui se pressèrent ainsi durant plusieurs semaines dans les appartements royaux pour s'en partager les dépouilles, ou préférèrent-ils être ce sang d'une Égypte nouvelle que réclamait Nasser pour troquer la violence contre la corruption et l'illusion contre le laisser-faire ? « C'est curieux, sir Miles, aujourd'hui vous n'êtes pas venu en char », avait dit Farouk à l'ambassadeur britannique grimaçant un sourire jaune lors d'une cérémonie d'anniversaire. Et durant leurs adieux funèbres, Néguib l'avait entendu murmurer : « Ce que vous venez d'accomplir je m'apprêtais à le faire ». Le temps des humiliations et des confidences amères était bien passé, et depuis Nasser, le fils de fellah devenu Raïs, nul ne se moque plus de l'Égypte.

Et la nuit, quand tout dort, sur la terrasse de son appartement de Rome, il écoutait à la radio le fracas des batailles lancées par le nouveau maître de l'Égypte et il se demandait sans trouver de repos, ce qui lui avait manqué pour savoir transformer le canal bloqué par des navires torpillés, Assouan construit au prix d'une autre arrogance coloniale, autant d'épreuves que le roi n'avait pas connues en autant de victoires pour la gloire du dictateur.

Fawzia lui écrivait d'Alexandrie où elle avait épousé un officier qu'aimait Nasser : « Tu es le premier à avoir tout compris. » Il ajoutait pour lui-même ce qu'elle n'avait osé conclure : Et celui qui n'a pas eu la force de l'entreprendre. »

Enfin, Fawzia osait encore écrire en Europe, alors que Nasser séquestrait le reste de la famille royale en éclatant de rire : « Je vous ferai mourir de faim devant votre vaisselle d'or. »
Les exilés eux-mêmes redevenaient peu à peu des gens ordinaires. Fahdia, la plus jeune des filles se mariait à Londres, au cours de noces discrètes où quelques photographes cherchaient à mettre un nom sur une femme devenue l'égale de tant d'autres, Farida, sa mère, l'unique, désormais solitaire. Et Fouad, à qui l'on ne parlait guère de sa couronne éphémère se demandait pourquoi ses sœurs rêvaient tout haut d'une vie sans souvenirs.
Farouk s'était toujours moqué de ce que les gens pouvaient dire, mais la fidélité des vieux amis ne s'exprimait plus qu'au travers des cortèges funèbres saluant le crépuscule des autres dynasties exilées, et il découvrait tristement chaque jour un peu plus comme ses enfants et sa famille allaient souffrir des erreurs dont il se sentait le seul responsable.
L'Égypte, titubante de fierté et d'aventures dans les séismes de Nasser, l'avait oublié comme on ne prononce plus le nom d'un fils prodigue, et il n'y avait guère que les paparazzi à la petite semaine pour gratter encore à son sujet et sans conviction de maigres entrefilets de sports d'hiver.
Il était seul maintenant avec son vieil et formidable ennemi intime : l'appétit de vivre. C'est alors qu'il rencontra une apprentie cantatrice de seize ans qui rêvait de chanter un jour *Aïda* sans savoir qu'il connaissait la partition par cœur : Irma Capuce Minutolo.

“ *Il fut mon premier amour ; il était fou de moi ;*
il me disait : « J'ai eu deux reines,
tu es ma troisième. »
C'est une part de ma vie que je ne peux oublier.
Tout me la rappelle.
*Regardez cette partition d'*Othello.
Voilà son inscription de sa main même. ”

Irma Capece Minutolo

Irma Capece Minutolo et Farouk
dans un cabaret de Rome, vers 1960.
« Tu seras la reine de l'exil... » Irma fut aussi celle
des paparazzi qui n'avaient pas été à pareille fête depuis longtemps.

Camelia et Samia Gamal, bien sûr, mais aussi les danseuses de la revue anglaise, la petite chanteuse de Paris, et cette fille qui brûlait le Mambo des nuits entières aux *Ambassadeurs* de Deauville, c'était curieux, il oubliait les noms mais jamais les parfums. Alors pourquoi Irma, si fraîche qu'elle n'en porta jamais et si semblable qu'il ne put pourtant oublier de l'appeler chaque soir avant de sortir, l'emmenant ensuite à toute allure dans sa décapotable rouge, alors qu'elle riait aux éclats parce qu'il conduisait trop vite et qu'avec lui on n'avait jamais peur ?

Quelqu'un qui ne sait rien de vous et pour qui un prince d'Égypte ne peut être que beau comme Radames, quelqu'un qui vous tend la caméra qu'on vient de lui offrir en vous disant je ne sais pas comment ça marche et qui s'avance en faisant comme les vedettes dans les vrais films parce que ça fait plaisir à celui qui regarde, quelqu'un qui est toujours content et de vous voir et de vous attendre et pour qui la

« J'avais un amour et un respect profond pour lui. Chaque fois que je le voyais avec mes sœurs nous ressentions aussitôt ce lien qui nous unissait à lui. J'ai eu une enfance très heureuse et très insouciante grâce à lui. C'était un père extraordinaire. »

Fouad II

terrasse d'un petit appartement de Rome c'est beau comme le toit du palais d'Abdine d'où l'on aperçoit la nuit, les pyramides. Quelqu'un, enfin quelqu'un.

Et puis, Irma lui demandait de lui raconter l'Égypte. Avec elle, c'était facile. Elle voyait les esclaves, les Mamelouks, les pharaons, les crocodiles sur le Nil, et quand il devenait soudain silencieux, elle poussait un peu la radio pour qu'il entende mieux les voix du Caire. Les articles sur les journaux la faisaient rire et elle collait les photos dans un grand album, puisque les photos, ça se découpe pour faire des souvenirs, c'est toujours ça de pris sur l'ennui et la tristesse, le passé sans images de la misère.

Et puis, en somme, ces photos n'étaient pas si mal puisque le président Nasser lui-même les faisait passer parfois sur les journaux de là-bas ; c'était dommage tout de même, avec ces légendes en arabe, on ne pouvait pas lire ce qu'ils avaient écrit; de toute manière, Farouk disait que c'était sans importance : avec un tel port de reine, ce qu'il

faut c'est penser à sa carrière. Il connaissait sur la Riviera un opéra près de la mer. Encore quelques leçons et il parlerait à ses amis.
Il sortait moins et se couchait plus tôt. Tous les night-clubs se ressemblent et la douceur de vivre de la via Veneto ne vaut pas celle de l'avenue Soliman pour qui a connu la belle Égypte du roi Farouk. Ce n'est pas vrai que l'on s'amuse à Rome, c'est une ville assez triste, il n'y a pas beaucoup de sentiment, et les fins de fêtes peuvent y être affreuses, avec tous ces viveurs, ces gigolos et ces femmes entretenues qui ne savent pas que la nuit est faite pour mieux aimer le jour.
Irma a dû s'endormir en laissant le téléviseur allumé. Elle voulait regarder un film de Fellini sur ces plaisirs sans espoir. Il serait bon d'y aller voir pour l'éteindre. On ne sait jamais, il peut arriver un accident. Il ne faudrait pas qu'elle soit éveillée par les nouvelles du petit matin, celles où l'on vient d'annoncer que l'ex-roi Farouk est mort brusquement et comme prévu dans une sorte de dancing.

Lorsqu'il avait parlé à Zog des rois des jeux de cartes, Farouk avait oublié de mentionner aussi les dames. Peut-être parce qu'il savait qu'elles ne sauraient lui faire défaut à l'instant de la cérémonie des adieux. Celle de cœur notamment, que les autres reines, Nazli, Farida et Narriman, acceptèrent dans leur carré, en reconnaissant qu'elle était celle de l'exil. Dans le morne désordre d'un enterrement romain, Fouad quittait brutalement l'enfance pour devenir le chef d'une famille, où les regrets éparpillés sur la surface de la terre s'abandonnaient à la trêve d'un grand chagrin.
Mais pour les exilés et les proscrits, pour tous ceux et celles qui avaient aimé Farouk, il ne pouvait s'agir que d'une évasion cruelle et éphémère qui les laisserait, après l'instant du cortège, avec le sentiment de n'avoir su le protéger de lui-même. Et pour son fils, le jeune roi d'un épilogue toujours ouvert, avec ce jour d'hiver, confus et gris, était venu le temps d'une charge inattendue, nouvelle et bien lourde, qui l'accompagnerait pour sa vie entière: celle d'écouter toutes les rumeurs, avec le passé, le bien, le mal, ce qu'on disait aussi d'une mort trop soudaine pour être naturelle, d'accepter tous les témoignages, de lire tous les écrits pour tenter de comprendre l'homme que fut son père.

Il sait ; depuis ce temps de son mariage, où les amis les plus fidèles de Farouk ont voulu accueillir Fadila son épouse pour leur vie nouvelle, afin d'accomplir ce qu'ils avaient promis au père qui craignait de manquer à son fils, comme il manqua à ses propres certitudes. Il espère et il croit, tandis qu'elle l'accompagne, en cette justice de l'Histoire que les officiers refusèrent si brutalement au roi, alors qu'il aimait l'Égypte autant qu'eux, la laissant entre leurs mains plus libre qu'ils ne sauraient la garder.

Un jour, bientôt sans doute, il s'en ira dans la grande cité du Caire où sa femme voulut donner le jour à leur premier fils, et il laissera Fawzia l'accompagner au mausolée des rois où elle fit ensevelir son frère. Dans le calme et le silence de la nuit que lui ouvrit un Nasser, soudain sans colère.

Et après s'être incliné devant la pierre tombale orientée vers la ville sainte de l'islam, lui ayant demandé qu'elle raconte encore une fois ce que furent l'enfance prisonnière, la jeunesse gâchée, les élans brisés du roi qui savait le partage entre le bien et le mal, même s'il ne sut l'accomplir, il dira enfin à ceux qui l'ont oublié comme à ceux qui le connurent si peu et si mal : cet homme était l'Égypte, il en eut les faiblesses, mais aussi la grandeur.

Regardez, il s'avance pour nous conduire vers son père.

« Laisse-nous retourner dans mon pays et apprécier notre bonheur là où l'amour et l'espoir s'épanouissent. C'est là que nous vivrons et là que nous étendrons notre bonheur au reste du monde. »

Oum Kalsoum

Fouad II et Fadila

ARISTOTE ONASSIS

À la fin de La Soif du mal, *un des plus beaux films d'Orson Welles, Marlène Dietrich se tourne vers la caméra et murmure, à propos du personnage brutal et corrompu qui vient de mener toute l'intrigue, et dont le cœur souffrant et rancunier a cessé de battre : « C'était un homme. » Dès lors, tout est changé. Un destin s'éclaire. Le patriarche vindicatif et redoutable se voit rendu à sa grandeur et à sa noblesse originelles.*

Aristote Onassis a complaisamment édifié l'image de lui-même qui servait ses intérêts. Elle impressionnait le monde, essentiellement conçu comme un conglomérat d'adversaires, par la double caricature d'un self-made-man arrogant tenant sous sa coupe l'empire des mers et du pétrole, et d'un don Juan cynique séduisant les femmes les plus célèbres de son temps, plus par orgueil que par amour.

Cette image s'effrite dès que l'on cherche à la comprendre : Aristote Onassis eut des amis nombreux et remarquables qui parlent encore de lui avec une émotion inconsolée. Le charme qu'il exerça auprès des femmes fut empreint d'un solide amalgame d'humour et de fidélité, d'intelligence et de force. Son souvenir est ineffaçable pour ceux qui le connurent alors qu'ils étaient encore des enfants, des subordonnés ou des gens simples sans jalousie ni calculs, car il fut toujours pour eux gai, fraternel et généreux. En vérité, le petit Grec démuni de tout et précocement blessé par la vie, s'est hissé tout seul au panthéon des héros, et cela aurait dû suffire à une sorte de légende bien conforme aux habitudes de son pays. Il y a quelque chose de naïf et de candide dans ce désir qu'il eut de paraître ce qu'il répugna toujours d'être. Non qu'il ne fût aussi brutal, sarcastique et à l'occasion plus méchant que ses rivaux et ses frères, mais en gardant toujours un sens intime de la morale et de l'honneur jusque dans les circonstances où il sembla les fouler aux pieds. Cette morale et cet honneur, il mérite qu'on les lui rende. Assurément, Aristote Onassis aurait été digne du rôle d'Orson Welles et de l'hommage de Marlène Dietrich.

> *« Ah oui, il ne pouvait pas vivre*
> *sans être avec quelqu'un.*
> *Enfin, plutôt une femme.*
> *Oui, surtout une femme. »*
>
> *Professeur Giorgiakis*

« Ami, dit l'enfant grec, je voudrais des navires, la fortune et des femmes. »

17 octobre 1968 : le roi des pirates savoure son triomphe ; la pauvre petite fille riche a rejoint le repaire de son île mystérieuse pour l'épouser. Il pleut, les journalistes sont trempés et ils ne sauront pas le prix de la robe toute simple de la mariée, signée Valentino.

« La vie est courte aux hommes d'ambition. » Cette phrase d'Homère, Aristote Onassis la médita souvent depuis ses origines obscures jusqu'au jour de son immense puissance, en redoutant sans cesse que le temps lui fût mesuré pour accomplir les entreprises auxquelles il avait rêvé.

Ainsi, le monde qui lui servait de théâtre ne discernait que l'arrogance et la violence de ses actes, alors qu'il les avait conçus dans l'inquiétude, et qu'il les vivait dans une exaltation candide et romantique.

Le mariage d'Aristote Onassis avec Jackie Kennedy, le 17 octobre 1968, sous la brume légère d'automne qui noyait l'île de Skorpios dans une sorte de douceur irréelle, fut ressenti par le monde entier comme un sacrilège. La meute des journalistes souligna le désordre de la fête, la hâte de la cérémonie, les regards apeurés des enfants des précédents mariages, les sourires contraints des mariés et cette omniprésence de l'argent qui scelle les actes privés dans un mélange de morgue vulgaire et de clandestinité inquiète. Ces acteurs qui sortaient brutalement de leur rôle, bousculaient les certitudes du public en passant sans prévenir du panthéon des gloires admirées aux souterrains du scandale et de la réprobation universelle.

On oublia pourtant l'essentiel devant ces images d'un couple mal assorti étalant ses différences d'âge, de milieu social et de culture: Aristote Onassis et Jacqueline Kennedy aimaient profondément ce qu'ils voulaient devenir l'un pour l'autre ; un mari et une femme qui se découvrent enfin, après une vie violente.

> “ *Le succès est la combinaison*
> *de beaucoup de choses,*
> *les principales étant le travail, la réflexion,*
> *et énormément de chance.* ”
>
> *Aristote Onassis*

Aujourd'hui la ville de Smyrne s'appelle Izmir et le vaste comptoir oriental où une forte communauté de Grecs tenait les marchés extérieurs de l'Empire ottoman, n'est plus qu'une préfecture turque au passé commercial évanoui. La naissance d'Aristote Onassis rejoint ces origines oubliées: 1906 ou 1900; les Onassis favorisaient les adolescences prolongées qui permettaient de mieux dissimuler les évasions fiscales.

Entre le souvenir imprécis de sa mère morte peu après sa naissance et la férule d'un père inflexible, le club de natation où il apprit à se mouvoir dans la mer comme un poisson en tirant parti d'une constitution mince et robuste, et les prostituées arméniennes qui accordaient gratuitement à son charme adolescent ce qu'elles faisaient chèrement payer à ses cousins et à ses oncles, Aristote s'imaginait un avenir paisible à l'abri d'une maison de commerce honorable et bourgeoise.

C'était sans compter avec cette guerre des années vingt, où les Turcs de Mustapha Kemal reprirent à feu et à sang la ville vénale où s'étalait la richesse insolente de leurs domestiques grecs. Aristote soudain vit sa famille ruinée, ses oncles assassinés, ses sœurs emprisonnées, son père au seuil de la potence. Il connaissait déjà l'impact de son étrange beauté de jeune marin pauvre ; il s'en servit comme de son obstination faite de ruse et d'innocence pour assurer son désir de survie. Au milieu de l'écroulement de tout son univers et de l'omniprésence du danger, à travers les pillages, les massacres aveugles et les exécutions sommaires, il parvint à séduire un officier turc qui s'était emparé de sa maison natale. Acceptant toutes les exigences d'une liaison contraire à ses habitudes et à ses penchants, il arracha finalement à son protecteur les sauf-conduits qui feraient échapper sa famille à la mort, contre la promesse de rester personnellement auprès de lui. Puis il s'embarqua clandestinement avec ses proches sur l'un de ces bateaux de l'exil et de la misère qui conduisaient les réfugiés vers une Grèce exsangue d'où il faudrait tout recommencer.

Aristote, en quelques semaines, était devenu un homme ; il avait appris que c'est parfois au comble du malheur et de la répulsion que se forge un destin.

À Athènes, son père le traita avec plus d'ingratitude que n'en avait montré l'officier turc. Il songea à un autre exil, puisque l'heureuse conclusion de son sacrifice l'avait libéré de toutes ses attaches.

On lui permit de se glisser dans un recoin sale et surchauffé de la salle des machines d'un cargo en partance pour l'Argentine. Un soir, il aperçut depuis le pont les lumières d'une ville de fête où tout le monde, paraît-il, était riche. Il nota le nom sur un vieux carnet qui ne le quittait jamais : Monte-Carlo.

« C'était un rêveur,
un romancier d'affaires.
Il travaillait d'arrache-pied
pendant des mois et des mois,
et si ça ne se réalisait pas,
pour une raison ou une autre,
il avait au moins la joie
d'avoir vu son rêve
jusqu'au dernier détail. »

Professeur Giorgiakis

Buenos Aires, cette New York langoureuse au climat doux que peuplent des Italiens parlant espagnol convenait à ses habitudes de méditerranéen oriental. Il y apprit la mort de l'officier turc dans un obscur coup de main en Macédoine, découvrant avec surprise un chagrin mystérieux, là où il espérait délivrer sa mémoire. Il était décidément adulte, dans cette ville étrangère, docile aux aventuriers et dure aux malchanceux.

La société argentine vivait les yeux tournés vers l'Europe où elle vendait à prix d'or ses surplus agricoles : les frigorifiques, le fret, le trafic maritime, les assurances et la Bourse accrochaient la ville au train du capitalisme de l'ancien monde.

Aristote, battant la semelle à la porte des riches en cherchant une issue à son abandon, comprit l'importance d'avoir l'air chic et sûr de soi pour tenir à distance la tristesse étouffante des immigrants misérables.

Au contact des mélancolies argentines, il s'inventa un passé conforme à la vie qu'il rêvait d'acquérir, découvrit le pouvoir du mensonge, décida de lui rester fidèle afin que nul n'ait prise sur sa vérité intime. Il ne faut pas croire à ce qu'il livra plus tard de sa jeunesse fictive, ou plutôt lire entre les lignes ce qui s'y révèle de ses désirs secrets.

Un travail de nuit au téléphone lui fournit sa première chance. Il notait les ordres que les courtiers adressaient à leurs agents de New York en profitant du décalage horaire et spéculait à la suite des correspondants qui lui paraissaient les plus habiles. Ses maigres bénéfices étaient aussitôt réinvestis dans des balles de tabac oriental que son père lui faisait parvenir, assorties de malédictions et de réprimandes.

Son habitude des pauvres, des femmes, des meublés sordides et des cinémas de second ordre où dansaient les reflets du scheik Valentino lui avait appris que l'immense marché captif des déshérités de la Plata cherchait une drogue douce et sensuelle pour apaiser ses désillusions.

Il prit confiance en lui-même : le luxe à bon marché de ses cartouches de cigarettes à bout doré parfumées d'exotisme rejoignait des rêves universels et le rapprochait de ceux qu'il voulait accomplir.

Entre les standards de nuit et les empoignades avec les tenanciers de tabac, Aristote rognait encore sur ses maigres heures de sommeil pour faire du sport. Les classes sociales se confondent aux vestiaires et

sur les terrains de jeu et le grand monde, sans prendre garde, ouvre ses portes aux athlètes combatifs.
Les arts fascinaient son ignorance ; il choisissait ses compagnes éphémères au Teatro Colon où se produisaient des troupes étrangères. Une cantatrice vieillissante, Claudia Numzio, et une ballerine du corps de ballet de la Pavlova lui firent découvrir un univers qui étonnèrent son intelligence et aiguisèrent à jamais son désir pour ce qui est beau et toujours plus loin.
À cela aussi, les femmes de talent, il restera fidèle.

« Le regard était très beau.
Les regards émouvants sont
les regards malins et un peu tristes aussi.
Il y avait cela dans le sien,
passant toujours de la mélancolie
à la drôlerie.
Je n'en ai jamais vu
un autre semblable. »

Hélène Rochas

Il devint riche, maître des tabacs argentins. C'est alors qu'il rencontra Ilse Dedichen, une Norvégienne élégante, avec un passé agité, des souvenirs amers, des relations brillantes parmi le monde des armateurs et des familles royales scandinaves.
L'aventurier assoiffé de puissance, et la déclassée à la dérive s'abandonnèrent à une passion réciproque et durable. Et puis Dedichen connaissait la mer, alors qu'Aristote, libéré du manque d'argent, s'en rapprochait comme on rejoint ses origines, après les premiers succès. Ils parcoururent le monde, découvrirent la violence stimulante de Manhattan, achetèrent ensemble quelques rafiots désarmés qui comblaient leur désir d'entreprises nouvelles.

Dedichen comprenait la politique et Aristote observait l'élite des armateurs grecs qui attendaient la guerre depuis les suites de leurs palaces new-yorkais. Leurs conclusions étaient les mêmes : c'est dans la mer que s'abîmerait le conflit, et c'est de la mer où transiteraient le ravitaillement et les armes, que surgirait l'empire qui les vengerait l'un et l'autre.

Ainsi peu à peu, alors qu'un épais manteau de sang recouvrait l'ancien monde de ses souvenirs, Aristote grandissait sans cesse à l'ombre des dynasties helléniques de l'armement maritime, épouvantées par son arrivisme et secrètement admiratives de voir en lui le reflet de ce qu'elles n'osaient plus être ; il fournissait des navires nécessaires à la guerre, empochait les assurances que lui valaient les torpillages.

Aristote et Athinaï peu après leur mariage.
Ils paraissent facilement dix ans de plus que leur âge. Lui, parce qu'il a déjà plusieurs vies derrière lui ; elle, parce qu'elle l'aime et tente de le rattraper.

Il voulut alors conquérir la seule aristocratie disponible que lui proposait l'Amérique. Celle d'Hollywood. Après une brève liaison avec Gloria Swanson, sa rencontre avec Veronica Lake lui fit espérer un mariage qui couronnerait son ascension sociale. Mais soit que les stars d'Hollywood eussent été à son image, dures et arrogantes et l'eussent trouvé encore trop vulgaire, soit qu'il se fût senti coupable vis-à-vis de Dedichen, il accepta pour la dernière fois qu'on le refuse ; puis il se reprit, voulut retrouver Dedichen qui sans rancune l'environna de fêtes, l'obligea à prendre des loisirs, et lui fit ouvrir par l'amusement et les plaisirs, les cercles de la *café-society* qui s'étaient jusqu'alors fermés à son ambition.

Il en profita pour épouser enfin la fille encore adolescente du patriarche Livanos, Athinaï, sans deviner qu'il venait de rencontrer son rival et son ennemi intime en la personne de son beau-frère, mari d'Eugenia, sœur d'Athinaï, Stavros Niarchos.

L'affaire avait été menée tambour battant. Livanos était un homme subtil qui chérissait ses filles mais gérait leur avenir comme s'il se fût agi de sa flotte. Un aventurier contre un aristocrate, l'équilibre des mises passait par celui des gendres et des capitaines.

Reléguée dans un *back-street* relativement doré, Dedichen s'éloigna lentement, en lui gardant son amitié, pour une sorte de séparation virile, à l'image de leur association fructueuse.

L'Argentine lui manquait, mais bien qu'il lui restât fidèle, le pays de ses triomphes de jeunesse s'était transformé en une nation ivre de dictature démagogue et cynique. Eva Peron, parvenue depuis les bas-fonds au pouvoir suprême, dissimulait par son verbe et son énergie, les agissements aux limites du gangstérisme de son mari. Dévouée au bien du peuple, mais aveuglée par son orgueil, la reine prodigue voulait écraser l'oligarchie argentine de ses désirs de revanche en gommant toute référence à son passé trouble de starlette ambitieuse.

Il n'était plus question d'Hollywood et de cinéma, mais Aristote doutait que le scénario fût différent.

Il sentit ainsi qu'elle s'apprêtait à s'emparer de sa fortune sous couvert de la rendre au conglomérat de ses intérêts personnels qu'elle appelait la nation. Mais comme il savait séduire ses ennemis et qu'Eva Peron n'avait jamais jusqu'alors rencontré un adversaire qui connût aussi bien les règles de l'aventure sociale, il parvint à en faire sa maîtresse, alors qu'elle était en visite officielle en France, assortissant leur aventure de cadeaux somptueux. De toute manière, l'investissement était agréable, bien que tarifé en dollars et sur un compte helvétique. Eva sut verser les dividendes.

Désormais elle interdit qu'on touchât à ses avoirs et se souvint de lui jusqu'à sa mort, tandis qu'il se tenait loin de Buenos Aires.

Ils étaient deux enfants nés de l'ombre, trop avides pour vivre sous le même ciel, trop solidaires pour ne pas faire attention l'un à l'autre.

L'Europe pansait ses plaies. Il lui fallait des métaux, du pétrole, des crédits. Toujours isolé de l'establishment économique, mal vu des autorités américaines où un certain Richard Nixon enquêtait sans relâche sur ses pratiques fiscales, Aristote louait à prix d'or les conseils du docteur Schacht, réchappé de justesse des bancs d'infamie de Nuremberg.

Il conçut grâce à lui le financement périlleux de supertankers qui abaissaient le coût du fret et choisit le premier les chantiers de Hambourg où des ingénieurs aux antécédents troubles se pliaient obligeamment à ses désirs de conquête.

Le monde des armateurs se répandait en calomnies amères, les compagnies d'assurances multipliaient les expertises tatillonnes, et dans la presse on commençait à plaindre Athinaï, en comparant son destin d'épouse sacrifiée à celui de sa sœur. Mais en fait Athinaï se sentait heureuse auprès d'un homme dont l'énergie brisait les habitudes de son enfance protégée et qui retrouvait, après qu'elle lui eut donné deux enfants, ce rôle de patriarche que lui avait fait respecter un père injuste et dominateur.

Au début des années cinquante, et alors que la guerre de Corée confortait ses investissements gigantesques, Aristote parut apaisé et tranquille.

Sa puissance était devenue telle qu'elle inspirait même confiance à la presse financière, divisant ses anciens ennemis et leur faisant souhaiter de devenir ses partenaires.

*“Ne comptez pas sur moi
pour vous dire que c'est triste
d'être milliardaire.
C'est parfois difficile et fatigant.
Mais triste, ah ça non, jamais !
À moins que...
Non, je ne vois pas...”*

Aristote Onassis

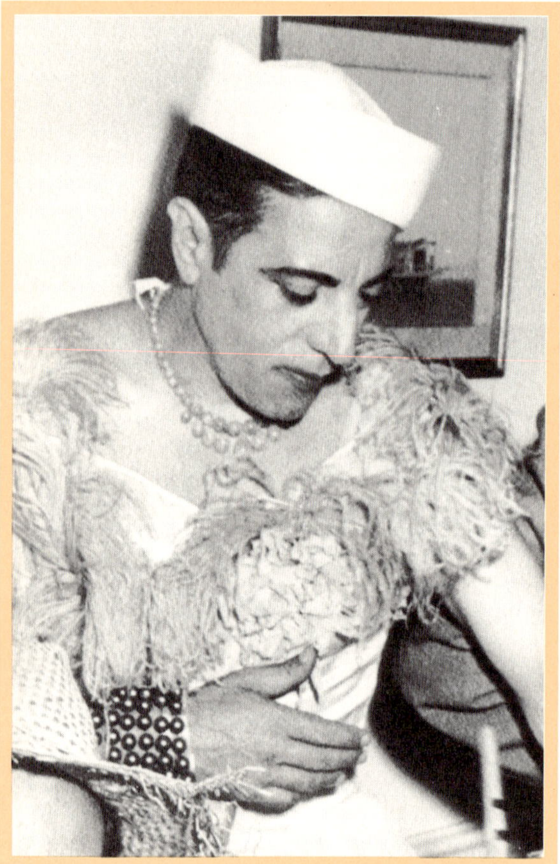

Aristote se méfiait des bonnes manières de Stavros, et Stavros trouvait Aristote vulgaire. Les beaux-frères ennemis étaient cependant d'accord sur un point : on choisit ses amis mais on subit sa famille.

C'est ainsi qu'il conçut le projet de traiter d'égal à égal avec ceux dont il discerna le premier qu'ils tenaient une des clés du destin du monde : la famille royale d'Arabie Saoudite. Au terme de négociations effrénées, il parvint à les persuader de lui confier, au détriment des intérêts anglo-saxons, une part essentielle de la recherche et des transports pétroliers. Aristote Onassis, tout seul, venait d'ébranler les colonnes du temple de Wall Street.

Avec la complicité active de son beau-frère, Stavros Niarchos, le consortium des principales sociétés pétrolières mit alors tout en œuvre pour briser l'entreprise. La violence de la réaction du département d'État et de Foster Dulles finit par jeter bas le fabuleux contrat. Mais au terme de nouvelles négociations avec les cauteleux princes saoudiens, Aristote, qui sentait que sa vie même était menacée, parvint cependant à retirer de substantiels dédommagements pour son échec ; comme toujours, fidèle aux éclairs de sa jeunesse, il s'en servit aussitôt pour s'acheter le royaume entrevu, il y avait si longtemps, du fond de sa misère : Monte-Carlo.

Sous des dehors brillants, le petit État pour rêves de milliardaires, était une entreprise financièrement à bout de souffle. La Société des Bains de mer qui en assurait l'existence économique se survivait péniblement sans que le prince régnant parvînt à lui rendre son dynamisme.

Aristote sentit tous les profits qu'on pourrait retirer d'une telle affaire et en ce sens il eut raison. Mais son scepticisme vis-à-vis des hommes lui fit sous-estimer le gentilhomme courtois et timide qui lui ouvrait aimablement ses livres de comptes. En fait, Rainier savait très bien jusqu'où il pouvait laisser aller Aristote, tandis qu'Aristote ignorait jusqu'où pouvait le conduire la souriante habileté de Rainier.

Le mariage du prince fut la première surprise que lui infligea ce partenaire amical et bienveillant. Tandis qu'Aristote approchait Marilyn Monroe pour qu'elle épouse le monarque et que la jeune femme souriait à cette perspective en s'amusant de réussir à le séduire, Rainier avait secrètement jeté son dévolu sur Grace Kelly, altière et élégante fiancée idéale de l'Amérique profonde.

Le Christina*: pavillon libérien, propriétaire gréco-argentin, aménagements soignés, piste de danse amovible sur la piscine, avion et telex, port d'attache Principauté de Monaco, idéal pour voyages d'affaires, prend la mer à toute heure. Visiteurs bienvenus si sympathiques.*

Aristote, beau joueur, mit d'énormes ressources à la disposition de la principauté pour que le mariage écrase le monde de sa gloire. Mais il fit en même temps une étrange et inquiétante découverte: Grace Kelly et Rainier s'aimaient d'un amour véritable, sincère et profond. Aristote et Rainier entretinrent dès lors une relation ambiguë, faite de rivalité violente et d'admiration réciproque. En fait, pour Aristote, cet associé, qui pouvait manier aussi bien que lui la brutalité sous l'élégance, avait quelque chose de rassurant qui le changeait des combats de financiers et d'armateurs: la loyauté, le sens de la parole donnée.

Deux palais face à face, l'un sur le roc, l'autre sur la mer cohabitèrent ainsi longtemps, séparés par l'ambition et unis par l'estime.

Athinaï régnait sur le *Christina*, et par le *Christina*, Aristote régnait sur la mer. Turc par le lieu de sa naissance, grec par toutes ses racines et sa famille, argentin par sa jeunesse et son passeport, américain par sa fortune, monégasque par ses rêves, possédant des résidences aux quatre coins du monde, Aristote ne se connaissait qu'une patrie, la mer, et le *Christina*, ancien navire militaire dans lequel il avait englouti des fortunes pour l'aménager et l'embellir, était sa capitale. Aujourd'hui inutile et désarmé, après qu'il en eut fait don par testament à l'État grec, le *Christina* s'abîme dans un port près d'Athènes et tout le monde oublie sa splendeur.

Et de même qu'Athinaï était l'une des femmes de luxe parmi les plus élégantes qu'on pût rêver de rencontrer, intimidant par sa beauté et ses manières parfaites les relations d'affaires les plus redoutables d'Aristote, le *Christina* lui servait de navire amiral pour sa flotte disséminée sur la surface de la planète et dont une carte immense, près de son bureau, pointait tous les mouvements à la seconde près en signes lumineux.

Symbole de ses richesses, ce palais pour ses réceptions et ses croisières attirait les grands de ce monde, qui sont toujours prêts à faire l'impasse sur une manière un peu nouveau riche de vivre pour peu qu'on leur promette une promenade en mer, surtout si c'est une femme comme Athinaï qui organise tous les détails de la villégiature, tandis que son mari attend le soir pour quitter le centre névralgique lambrissé de son empire et gagner la piste de danse où l'on sert les premiers cocktails.

Avec le temps, Aristote s'attacha si fort au *Christina* qu'il en vint à le quitter de moins en moins, traversant l'Atlantique, seul avec son équipage, Athinaï et les enfants repliés dans quelque palace, contemplant interminablement sa meilleure associée, sa conquête la plus fidèle : la mer. Stavros Niarchos, lui, n'était pas impressionné par le *Christina*. Il préférait son immense voilier noir, effilé comme un requin aux dimensions de l'*Iliade*, plus aristocratique, plus rapide, mieux armé pour les tempêtes, et peu lui importait si son épouse Eugenia regrettait de ne pas pouvoir y recevoir sa sœur.

L'Iliade*: appartient à l'armateur bien connu M. Stavros Niarchos. Pour sportifs avec équipage expérimenté, navigation à moteur prohibée, très rapide par gros temps, destinations inconnues, luxe discret. On ne visite pas.*

Aristote vit sans déplaisir les vieilles nations européennes sombrer dans la crise de Suez qui emporta leurs dernières illusions de domination mondiale. Par nature, il se sentait proche des bluffeurs de poker comme Nasser et par intérêt il voyait venir enfin le temps de sa revanche sur les compagnies pétrolières qui avaient saccagé le projet saoudien. Il était le seul désormais à pouvoir et à savoir construire les pétroliers monstrueux qui parviendraient à approvisionner massivement l'Europe en faisant le tour de l'Afrique.

Traitant d'égal à égal avec les gouvernements apeurés, soumettant enfin les compagnies d'assurances à sa férule, se payant le luxe de transporter plus vite et moins cher, il multiplia alors sa fortune dans des proportions auxquelles il n'avait même pas osé songer jusque dans ses rêves les plus fous. C'est à ce moment aussi qu'il discerna qu'Athinaï commençait à être lasse de le suivre et préférait de plus en plus les plaisirs policés de la jet-set aux violences qu'Aristote imposait à l'accouchement de sa puissance nouvelle. Il se sentit alors aussi abandonné qu'aux premiers jours de Buenos Aires, avec de nouveaux espoirs et de nouveaux songes dont il pensait que plus personne ne pouvait les comprendre.

On ne sait jamais qu'il existe toujours quelque part quelqu'un, paraissant si loin de soi et dans une vie si différente, qui tout de même pourrait admettre, partager, vouloir les mêmes choses. Et l'on se trompe aussi parfois en croyant être soi-même un recours, alors qu'il suffirait d'être un peu plus humble pour mieux voir ceux qui sont les plus à même de vous aimer.

La vie de Maria Callas jusqu'alors n'avait été qu'un long orage, dont elle était sortie triomphante et blessée.
Maîtrisant une enfance déchirée par l'absence de son père et l'acrimonieuse rivalité de sa mère, elle ne trouvait sa place que dans le royaume de la musique pour lequel elle avait fait un sacrifice encore plus absolu que celui de la beauté; celui de ses disgrâces et d'une laideur où s'étaient longtemps réfugiées ses inquiétudes. Sa voix elle-même venait de l'au-delà des souffrances qu'elle avait connues.

« Ce n'était pas la plus belle voix qui ait existé au plan strictement formel et académique, mais c'était une « voix triste » comme disent les Italiens, un « voix de bête » comme je l'ai appelée moi-même. C'était évidemment la première chose qui frappait... »

Michel Glotz

« Ah ! L'amour qui s'est emparé de moi s'est réveillé plus fort quand je croyais l'avoir éteint. Pourquoi ne m'est-il pas permis d'épancher mon âme dans son sein ou de m'endormir ici même du sommeil de la mort ! »
Un Bal masqué *Giuseppe Verdi, 1859.*

> *« En 1957, au Metropolitan Opera, j'ai personnellement vu sa mère la siffler et la huer. C'est quelque chose de très difficile à concevoir. »*
>
> *Michel Glotz*

Aristote, avec ses pudeurs secrètes de petit-bourgeois arrivé, redoutait vaguement les scandales, les éclats, la grandeur chez les autres, et il avait oublié ses aventures de jeunesse au Teatro Colon.

Une cantatrice célèbre, fut-elle d'origine grecque, mariée, ombrageuse et timide, travaillant avec acharnement sans s'octroyer de loisirs, n'avait a priori aucune chance de rencontrer l'armateur milliardaire qui se méfiait des artistes et des intellectuels, et leur préférait pour ses loisirs le monde enfumé, cosmopolite et souriant des boîtes de nuit.

Et pourtant il lui suffit d'un regard de cette femme, que personne n'avait vue pour elle-même, pour balayer ses préjugés et ses réticences, et pour le réconcilier avec cet univers séparé du plaisir qu'il n'avait jusqu'alors approché qu'avec une gêne confuse.

Au gala de la Légion d'honneur, où le Tout-Paris s'était écrasé pour la voir et l'écouter, et bien qu'elle y parût auréolée de l'admiration unanime de l'aristocratie des talents et du succès, il la vit seule comme lui-même, avec son génie pour unique arme, face aux périls de la vie et du monde qu'elle défiait le sourire aux lèvres.

Or, la veille, mû par une impulsion subite, Aristote lui avait fait livrer toutes les deux heures, à son hôtel et dans sa loge, des brassées de fleurs qu'il accompagnait de messages d'amitié, discrets et écrits de sa main en caractères grecs.

Il n'avait pas l'habitude des triomphes dont il n'était pas le centre et il maîtrisait encore mal les usages de la société brillante qui faisait fête à l'inconnue dont il voulait se faire remarquer. Mais comme elle continuait à le regarder, lorsque vint le moment des adieux, ils convinrent de se revoir, là où il le lui demanderait, très vite, et qu'importe le monde.

Il y eut dès lors un autre éclat dans ce regard si longtemps voilé de Maria Callas. Son entourage, et son mari, l'affectueux et paisible Meneghini qui la traitait plus comme sa fille que comme une amoureuse dont il aurait été bien surpris qu'elle pût un jour le devenir avec quiconque, voire avec lui-même, restèrent aveugles à cette transformation subtile que surent saisir pourtant certaines caméras anonymes.
Aristote, qui avait toujours eu l'impression de maîtriser sa vie, vacilla pour la première fois au seuil d'un choix qui remettait en cause l'essence même de son existence. Il s'était accommodé de la présence de plus en plus évanescente d'Athinaï pourvu que les apparences fussent sauves et qu'il eût le temps d'augmenter sa fortune. Mais cette femme-là, qui posait pour des magazines filmés, en mimant les apparences d'un bonheur ordinaire et confortable pour tenter de contredire une flamboyante légende de caprices et de scandales, et qui l'appelait plus tard en pleine nuit avec des hésitations d'adolescente anxieuse, lui révélait peu à peu une vérité qu'il n'avait jamais eu l'occasion de soupçonner à travers ses expériences parmi les grands prédateurs des affaires : ainsi, il était possible d'être grand sans concession d'aucune sorte et d'atteindre au zénith de certaines ambitions sans abdiquer sa noblesse intime.

Aristote aimait le monde des hommes, celui des longues soirées où l'on parle de politique et d'affaires avec de l'alcool et des cigares ; dès lors qu'il n'y avait plus de risque de compétition d'argent, il avait le culte de l'amitié fidèle, et s'abandonnait sans arrière-pensée à des admirations juvéniles qui contredisaient le pessimisme âpre que lui inspiraient ses relations de travail.
Après des commencements difficiles où son arrivisme forcené avait profondément déplu à Churchill, Aristote était parvenu à circonvenir les réticences du vieil homme d'État envers qui il éprouva bientôt, avec une pureté émouvante et candide, une affection filiale indéfectible. Churchill, de son côté, l'aima de plus en plus, se raccrochant à lui pour écarter les brumes du grand âge.
Cependant, Athinaï refusait de comprendre la curieuse soif de rapports humains véritables qu'éprouvait son mari, et elle continuait à

Mesdames Athinaï Onassis et la signora Maria Callas Menenghini, au théâtre d'Épidaure pendant « the » croisière. Les photographes sont comme tout le monde ; ils n'ont pas vu les fantômes de Médée et d'Antigone qui étaient ici chez eux.

fuir, de Gstaad à New York et de Venise à Paris, les questions que cette attitude nouvelle d'Aristote lui posait en lui demandant d'accomplir à son tour un effort sur elle-même.
Or, Aristote était maintenant trop riche pour ne pas ressentir la vanité de toutes choses, et suffisamment entreprenant encore pour ne pas désirer ouvrir, même à son épouse, tout à fait son âme. Mais il était sans doute trop tard pour l'un et l'autre. Ainsi, il la laissa derrière lui, ou bien ce fut elle qui lâcha prise ; et ils en éprouvèrent un tel déchirement qu'ils évitèrent encore longtemps de se l'avouer.
C'est alors qu'Aristote voulut organiser une croisière où seraient conviés ceux qui lui serviraient dorénavant de modèles ; Churchill, le père rêvé, et Maria Callas, son double intact.

Les Onassis et les Meneghini se connaissaient peu, et la présence de Churchill n'incitait guère à la légèreté. La sœur d'Aristote, Artemis, et son mari, ajoutaient un air de bon ton et de convention élégante qui freinait un peu plus encore les épanchements éventuels.

Ainsi la croisière parut devoir se dérouler tout d'abord dans une de ces atmosphères de gaieté chic et superficielle où aucun heurt ni aucun dérapage jamais n'affleure. Pourtant peu à peu le *Christina* se rapprochait des côtes de Grèce et des eaux sombres et mouvementées de la mer Égée. Aristote et Maria se retrouvèrent ainsi, une première nuit, par surprise, alors qu'ils s'étaient avancés sur le devant du bateau pour découvrir le lever du soleil éclairant peu à peu des horizons dont ils étaient les mieux à même de saisir la beauté secrète.

Le mal de mer, cette providence des amants aventureux, cloua bientôt chacun des comparses dans leur cabine. Meneghini s'abîmait dans les tranquillisants et les maux de cœur, Athinaï dans les plans de table, et Churchill dans le whisky qu'il préférait de loin aux conversations mondaines. Aristote multipliait les projets de visites et d'excursions, traînait ses invités accablés de lassitude et de chaleur de champs de ruines en temples antiques, et constatait que seule Maria paraissait y trouver du plaisir.

Il décida tout d'un coup de lui montrer Izmir. Malgré son habituel sourire lumineux, Athinaï avait la voix un peu tremblante lorsqu'elle expliqua à Meneghini que cette ville s'appelait autrefois Smyrne et qu'elle était bien heureuse de s'y rendre pour la première fois puisque

On se rapproche d'Izmir; Winston Churchill se demande comment on peut être né dans un endroit pareil. Le monsieur aux lunettes noires, le président du Conseil turc, M. Menderes, ne se pose plus la question. Il a été pendu peu après par les militaires.

c'était là qu'était né son mari. Le vieil amateur de musique italien commença à entrevoir ce qu'Athinaï savait depuis longtemps. Et tandis que l'élégante société déambulait dans la cité endormie où, à vrai dire, plus grand-chose ne rappelait le temps des fébriles adolescences helléniques, il fallut se rendre à l'évidence. Le choc tant différé du retour sur le sol natal avait achevé de détruire le mariage d'Aristote en lui révélant la profondeur de l'amour qui l'unissait à Maria.

« Leurs relations étaient, disons, un peu volcaniques. Je voyais venir les éruptions quand ils commençaient à parler grec. Immédiatement je sentais que le ton montait même si la tension extérieure était nulle. Il était temps pour chacun des invités de regagner sa cabine si on ne voulait pas être pris dans l'orage. »

Michel Glotz

« Ayant renoncé à la nationalité américaine, étant redevenue citoyenne grecque, la célèbre diva nous a déclaré que son premier mariage est donc frappé de nullité... »

Après Izmir, les marins préposés aux photos de vacances rangèrent leurs appareils. La croisière des plaisirs distingués venait de s'achever dans un climat de gravité dont chacun portait la marque sur le visage, comme un sceau apposé par le destin sur ceux qu'il vient de faire trébucher.

Pour Maria Callas jusqu'alors, l'amour n'avait été qu'un sentiment mystérieux et interdit, sans objet et sans regard, qu'elle avait finalement résolu de recréer seule avec des partitions, un public, et des scènes d'opéra jamais assez grandes pour contenir l'immense frustration de son cœur.
Et les harmonies qu'elle faisait naître n'étaient que la forme parfaite d'un long cri de désenchantement, de manque et de douleur.
Maria croyait sa vie finie; Aristote jugeait la sienne apaisée et en ordre. C'est avec une joie sauvage qu'ils virent s'effondrer leurs certitudes et qu'ils regagnèrent ensemble le territoire intime que l'existence leur avait volé: leur enfance.
Maria se sépara de Meneghini sans faiblir, assumant l'ingratitude de son attitude, et celle de la presse et du public à son égard. Rien n'aurait pu la faire renoncer à ce qu'elle venait enfin de découvrir. Aristote, qui redoutait d'être séparé de ses enfants, avait tenté un ultime marchandage avec son épouse, mais l'affaire était trop compromise: Athinaï s'enfuit avec la violence obstinée de ceux qui ont toujours vécu dans l'ombre. Aristote et Maria étaient enfin l'un à l'autre.

Aristote cessa de travailler avec acharnement et Maria prit des habitudes de vie nocturne. Pourtant, malgré les rumeurs que colportait la presse, c'est l'amour d'Aristote qui permit à Maria de prolonger sa carrière en l'aidant à surmonter l'inquiétude grandissante qu'elle éprouvait vis-à-vis de sa voix rebelle. Et c'est l'attitude pleine de tact de Maria qui permit à Aristote de garder des liens corrects avec Athinaï qui venait de se remarier en Angleterre avec le marquis de Blandford.
Les nouvelles amours se vivent dans l'oubli du monde extérieur; les enfants se retrouvaient livrés à eux-mêmes, silencieux et sombres, constamment déplacés d'une école à une autre et vaguement éduqués par des norias de domestiques attentifs à augmenter leurs gages en trafiquant la confiance de ceux sur lesquels ils venaient de faire main basse. Alexandre se réfugia dans la mécanique et une sorte de politesse distante déchirée d'accès irraisonnés de rage aveugle. Christina fit alterner les crises d'humeur noire et les sursauts de gaieté fiévreuse,

les kilos en trop et les diètes sauvages, les jeans déchirés et les robes de haute couture en donnant l'image constante d'une absence absolue à toutes choses. Maria avait fort bien compris le sens de ces repliements sur soi-même, mais sa compassion et ses tentatives de dialogue butaient sur un mutisme opaque. Aristote réagissait en aveugle, rappelait la pauvreté et la servilité de sa propre jeunesse ; et confiait lâchement à son carnet de chèques le soin de compenser par des cadeaux inutiles et somptueux les manques d'une attention qu'il ne savait pas prodiguer. Cependant, peu à peu les enfants grandissaient et une amertume nouvelle s'infiltrait dans son cœur. Maria assistait impuissante à cette corrosion lente dont elle se savait innocente, en percevant qu'il lui en faisait secrètement le reproche.

« Ayant renoncé au poste d'ambassadeur à Paris que lui proposait le Président Johnson, et écartant toutes rumeurs de remariage avec Lord Harlech, la veuve du Président Kennedy nous a déclaré qu'elle envisageait de faire une croisière en Grèce l'été prochain. »

« Ayant renoncé à poursuivre sa scolarité à Janson de Sailly, Alexandre, le fils du célèbre armateur Onassis, nous a déclaré qu'il ne pensait pas travailler plus tard avec son père. »

Aristote admirait le général de Gaulle qui était tout de même un peu trop revêche pour céder comme Churchill aux plaisirs ensoleillés des croisières. Lorsqu'on lui rapporta la réplique du général concernant Jackie Kennedy : « elle finira sur le yacht d'un armateur », il s'amusa beaucoup, la raconta à ses invités, égrena bruyamment des noms de postulants éventuels ; Maria le regardait sans mot dire ; il pensa que le mot du général n'était peut-être finalement ni le meilleur ni le plus drôle.

Pourtant, insensiblement la vie d'Aristote rejoignait celle des Kennedy. Robert, qui aurait aimé le coincer fiscalement, le prenait pour le diable en personne, tandis que le président et Jackie déployaient beaucoup d'énergie pour accueillir Maria Callas dans leur société cosmopolite et brillante.

D'anciennes relations croisées avec Marilyn Monroe, un mélange d'envie, d'hostilité et de fascination réciproque, les amenait ainsi à se côtoyer de plus en plus souvent, comme lors d'une certaine soirée d'anniversaire en l'honneur de Maria dont la gaieté de commande aurait dû pourtant tous les inquiéter. Jackie, qui se tenait prudemment à l'écart des affaires des hommes entre eux, trouvait pour sa part Aristote amusant, fantaisiste, mal élevé, et aussi bien sûr, très très riche.

Profondément éprouvée par la mort à la naissance de son troisième enfant, elle accepta avec gratitude cette arme de la croisière sur le *Christina* qu'Aristote brandissait avec une chaleureuse impatience pour séduire les Kennedy et imposer le silence à Robert qui accumulait les dossiers du FBI à son encontre.

Ils parcoururent la mer Égée en observant des usages cérémonieux, à tel point que ni Maria ni la presse ne s'en émurent. Puis, brusquement, il l'emmena à son tour à Izmir.

Jackie Kennedy est un personnage complexe. Mère remarquablement attentive et chaleureuse, elle a été élevée dans le respect des hommes et de ce qu'ils sont censés gagner sur terre pour leur compagne : la renommée, la sécurité et l'argent ; dans des proportions, à vrai dire, différentes de celles que pratique le commun des mortels.

La mort du président la laissa d'autant plus désemparée qu'elle ne pouvait s'imaginer dans la position de chef de famille et de veuve héroïque, où l'Amérique voulait l'enfermer et pour laquelle les forces lui manquaient.

Bref, John Kennedy lui manqua intensément et elle eut aussitôt besoin d'un homme de la même trempe pour conjurer sa panique.

Or, Maria Callas, de son côté, sentait grandir sans cesse l'amour qu'elle ressentait pour Aristote. Ne lui avait-il pas donné le courage de remonter sur scène ? Ne tempêtait-il pas à Hollywood pour que Visconti la dirige dans une version filmée de *La Traviata* ? N'avait-il pas réaménagé le salon du *Christina* pour qu'elle puisse y répéter

tranquillement en s'accompagnant du plus beau steinway du monde ? N'envisageait-il pas de faire rénover l'opéra de Monte-Carlo pour lui en faire cadeau ?
Pourtant dès qu'elle se sentait loin de lui, des inquiétudes qui venaient de son enfance et que sa relation juvénile avec Aristote avait réveillées, comme elle lui avait révélé le plaisir, agitaient son âme de pressentiments obscurs, augmentaient les ombres planant sur des scènes où elle se sentait de plus en plus perdue, arrachaient graduellement à sa voix cette bravoure et cet éclat dont elle ne voulait plus faire don qu'à l'homme qu'elle aimait.

Mais elle ne redouta point le désarroi de Jackie. C'était oui, tout simple pour Maria, il faudrait chanter encore quelques années pour plaire à Aristote, et puis viendrait le temps où ils n'auraient plus jamais à se quitter.

« Quand il rentrait
de son bureau d'Athènes,
il allait immédiatement nager.
C'était un prince de la mer
et quand nous faisions des croisières,
il s'éloignait rarement du bateau.
Quant à Maria, elle nageait
merveilleusement bien.
Elle mettait ses palmes,
installait ses deux petits chiens
sur une planche et nageait
pendant des heures. »

Hélène Rochas

Les fils des dieux antiques, Alexandre avait souvent lu leur histoire au cours de ces croisières du bonheur; il savait qu'ils sont l'instrument obscur par lequel la tragédie ramène les maîtres de l'Olympe au simple malheur des hommes et il se demandait par quel désastre ils se serviraient de lui pour frapper aveuglément son père.
Or, Aristote aurait pu s'en tenir là où il était parvenu. Tout indiquait le triomphe de sa destinée. Mais le monde avait changé, la crise de conscience de la fin des années soixante, l'accélération des soubresauts politiques, du Viêt-nam au coup d'État de Grèce, échappaient à son jugement.
Son intelligence était faite pour un univers d'aventures positives et de progrès, et il avait du mal à maîtriser les incertitudes nouvelles. Il voulut reprendre l'initiative et ne parvint qu'à se brouiller avec Rainier et à s'enferrer dans le financement exorbitant d'une compagnie aérienne nationale grecque qui satisfaisait son orgueil mais gaspillait son énergie.

« Tu verras qu'aucun amour sur Terre ne fut plus fort que le mien ; oui, au prix de ma vie je sauverai ta vie, ou à toi unie à jamais je descendrai avec toi au tombeau ! »
Le Trouvère *Giuseppe Verdi, 1853.*

Niarchos, plus lent, plus froid, plus méthodique, ne cessait de lui tendre des pièges, en frôlant comme un squale ses affaires et ses habitudes. Il exaspérait sa jalousie en augmentant constamment sa propre fortune, et en l'attirant sur des terrains qu'Aristote connaissait mal. Il parvint ainsi à lui faire cautionner le régime des colonels, qu'Aristote soutint de peur que son rival n'occupât la place.
En somme, Aristote faisait une chose nouvelle. Il commettait des erreurs. Maria aussi commettait des erreurs : elle aimait tant Aristote qu'elle ne discernait plus ni son embarras devant les dérapages inattendus de ses stratégies, ni l'inquiétude torturante qu'il en retirait.

*“Jacqueline Kennedy est une femme
qui aime regarder la télévision,
dire des bêtises.
Elle aime aussi écouter de jolies choses,
lire, faire l'intellectuelle.
Ce que je ne suis pas, car je n'en ai jamais
eu le temps.
J'ai toujours travaillé sur scène.
Alors moi, j'apprends ici et là, c'est tout.”*

Maria Callas

La mort de Robert Kennedy leva le dernier obstacle. Jackie, épouvantée par la répétition de la tragédie qui l'avait accablée une première fois, ne connaissait plus qu'un seul homme qui fût assez fort pour protéger ses enfants tandis que le lien le plus solide l'unissant à leur famille venait de se dénouer dans le sang. Et Aristote lui répondit de la manière la plus propre à la rassurer : il planifia son mariage avec Jackie comme un défi surhumain adressé à ce monde des puissants qui affectait désormais de lui mesurer sa place.

Maria Callas, ce jour-là, commença de mourir. Elizabeth Taylor, généreuse comme d'habitude, donna une réception pour elle chez *Maxim's* à l'instant du mariage, en espérant que le dîner intime étoufferait les échos de la fête fastueuse. Devant son regard tétanisé par la douleur, on évita la petite table d'angle qu'Aristote occupait d'habitude.
Ensuite, on évita de plus en plus de choses et puis enfin on l'évita, elle. C'est la voix qui s'évanouit la première, puis le désir de voir les autres, celui de sortir, celui d'ouvrir les fenêtres, celui de se lever.

Aristote avait acheté Skorpios plusieurs années auparavant, mais il préférait voir son île depuis le pont du *Christina* plutôt que voir le *Christina* depuis le rivage de son île. Avec Jackie, il fallut bien accepter de jeter enfin l'ancre. Mais le havre rustique qu'avait affectionné Aristote, de loin en loin, était devenu un succédané de repaire sophistiqué pour films de James Bond, depuis que sa femme s'était lancée dans de somptueux travaux d'aménagement. La folie de décoration de Jackie n'avait d'ailleurs épargné aucun de leurs multiples semblants de foyers à travers le monde, et Aristote se voyait contraint de vivre à l'hôtel le plus souvent pour fuir les armées de fournisseurs, d'ensembliers et d'artistes d'intérieur aux manières un peu trop délicates qui, selon les instructions de Jackie, paraissaient y avoir élu domicile en permanence.
En fait, la morale commune qui ne désarmait pas dans ses condamnations du mariage, reniflait la malédiction d'une justice obscure dans l'étalage d'activités si dispendieuses : c'était sûr, l'argent les punirait l'un et l'autre à ce marché de dupes où ils avaient cru pouvoir s'acheter des sentiments qu'ils n'étaient plus capables de ressentir et d'exprimer. Ainsi, la grande presse étalait sans vergogne les clauses d'un contrat de mariage propre à faire frémir de jalousie les dignes ménages de l'Amérique profonde et les cabinets d'avocats spécialisés dans les affaires matrimoniales. Des domestiques, entrés au service d'Aristote depuis des années, le quittaient soudain, après avoir subtilisé des factures et des relevés de banque pour vendre aux plus offrants les miettes du grand style, ainsi que des ragots et de prétendus souvenirs qu'on s'arrachait dans des kiosques de gare, tandis que

des myriades de téléobjectifs traquaient le couple jusque dans ses moments d'abandon, de lassitude ou de nudité. On parla aussi, bien sûr et dès le premier jour, d'un divorce imminent assorti de fabuleuses transactions financières.

Cependant, le *Christina* mouillait de plus en plus fréquemment près du petit port de Skorpios où, à l'abri de garde-côtes particulièrement vigilants, un homme et une femme, loin de leurs erreurs et du fracas du monde, s'obstinaient à vouloir vivre l'un pour l'autre. Et ainsi, unis par le pire, ils eurent quelques meilleurs éphémères.

Car en vérité Jackie Kennedy et Aristote Onassis s'aimèrent. D'un amour, certes épuisé avant de s'évanouir, par les drames de leurs vies antérieures et le fracas haineux du monde, mais d'un amour tout de même suffisamment fort et intime pour qu'on s'étonne encore aujourd'hui, dans les salons des milliardaires new-yorkais, de voir une femme entre deux âges qui remet ses lunettes noires et perd le ton égal de sa voix d'hôtesse de l'air pour long-courrier de luxe lorsqu'elle dit : « Ari mon mari fut le seul père véritable que connurent mes enfants. »

Qu'espérait encore, Athinaï, en épousant finalement Stavros Niarchos ? Revenir aux origines du clan Livanos qui l'avait toujours préféré, démentir les rumeurs courant sur la mort mystérieuse de sa sœur, ou se venger à tout jamais d'Aristote ?

> *« Mon père est*
> *remarquablement intelligent.*
> *Il est sûr en affaires,*
> *mais moins qu'on ne le dit*
> *et c'est un vrai père.*
> *Peut-être m'arrivera-t-il*
> *de me comporter sans son*
> *approbation,*
> *mais j'essaierai toujours*
> *de ne pas blesser ses sentiments. »*
>
> *Alexandre Onassis*

En fait Aristote n'abandonna jamais vraiment personne. C'est sa chance et sa confiance en lui-même qui soudain le quittèrent lorsqu'il comprit que Maria était inconsolable, malgré les visites qu'il continuait à lui rendre en secret, et puis lorsqu'il reçut enfin de plein fouet le plus grand malheur de sa vie : la mort de son fils.

Alexandre était un inconnu pour son père. Sa réserve, son calme, la manière, à peu près miraculeuse, dont il était parvenu à échapper à tous les défauts qui sont le lot des enfants que l'on a trop gâtés, l'amour qui le liait depuis des années à la baronne Fiona von Thyssen, tout cela Aristote en avait à peine conscience.
Il savait que son fils était ce que l'on appelle un type bien, et il avait en fait peur que cet enfant mal regardé et mal aimé, eût de surcroît la grandeur de ne lui adresser aucun reproche. Un hélicoptère, en s'écrasant dans la mer, au large d'Athènes, mit fin brutalement à la série des rencontres qui n'avaient pas eu lieu et à l'attente d'une confrontation qui les aurait sans doute libérés de ce qu'ils n'avaient jamais osé se dire.

*« Vous savez, l'histoire de sa vie après la mort d'Alexandre,
ce n'est que déclin, tristesse, mélancolie et isolement.
Nous avons passé le dernier nouvel an ensemble,
tous les deux, seuls, dans la maison ici près de la mer,
et ce fut une soirée très calme, très silencieuse. »*

Professeur Giorgiakis

*Qu'espérait encore Aristote en perdant son fils qu'il n'avait su comprendre ?
Confier son empire à Christina, faire la paix avec tous ceux qui avaient souffert autour de lui,
et partir au plus vite là où il avait une chance de le rejoindre ?*

Alexandre et Christina Onassis, 1954.

La mort d'Alexandre ramena Aristote vers les rivages de Smyrne, par ce matin d'adolescence, de désespoir et d'incendie où il s'était retrouvé solitaire et où il avait eu peur.

Il était trop tard désormais pour pouvoir tout recommencer. Il délaissa tout, de Jackie, de l'Amérique, de la puissance et des affaires. Vieil homme dont la curée des journalistes affolés par le sang traquaient tous les instants et l'unique héritière ; il ne désirait plus que mourir pour rejoindre l'amour de son fils qu'il n'avait su comprendre.

Et comme il entrait lentement à l'hôpital américain de Neuilly en serrant contre lui le plaid et les clés que lui avait donnés Maria, et qu'il se faisait relire la dernière lettre que Dedichen venait de lui faire parvenir, peut-être se souvint-il encore de l'officier turc qui lui avait sauvé la vie et s'affligea-t-il un peu plus de n'avoir pu sauver celle d'Alexandre ?

Aristote Onassis repose désormais près de son fils dans l'île de Skorpios. Athinaï, qui avait épousé Stavros Niarchos en troisième noce, après la mort de sa sœur survenue à l'issue d'une violente scène de mésentente conjugale, a été emportée par une crise cardiaque suscitée par un excès de barbituriques. Christina Onassis, après avoir vécu en recluse en gérant d'une main de fer les affaires dont elle hérita, a finalement rejoint Buenos Aires, n'a plus retrouvé personne, a cherché, cherché encore, avant de laisser son cœur s'endormir pour qu'il la laisse gagner sans espoir de retour le territoire du passé où l'attendaient enfin tous ceux qui avaient jusqu'alors, si mal et si peu, pris soin d'elle.

Cela fait longtemps déjà que Maria Callas s'est éteinte, quelques mois après la mort du seul amour de sa vie, et que ses cendres ont été dispersées dans la mer Égée.

Il faut croire les récits des marins grecs lorsqu'ils disent que les courants franchissent parfois le canal de Corinthe et qu'ils viennent alors déposer leurs écumes sur les rivages de Skorpios.

VIVIEN
LEIGH

*« Je redoute, chère amie, de vous sentir inexorablement attirée par le versant tragique de l'existence, celui où l'on perd ses forces à se demander pourquoi vivre tandis qu'il serait tellement plus simple de se laisser glisser dans le néant. » Lorsqu'elle entendit, à la fin des années quarante, pour la première fois cette réplique d'*Anna Karenine, *dont elle fut l'une des plus belles incarnations dans un film de Julien Duvivier, Vivien Leigh avait trente-quatre ans.*

Auréolée de la gloire de Scarlett O'Hara qui en avait fait la plus prestigieuse héroïne de toute l'histoire du cinéma, elle régnait sur Hollywood avec une grandeur lointaine dont la capitale du septième art n'avait jamais fait l'expérience jusqu'alors. Parvenue à force de travail et d'ambition au-devant des feux de la rampe, elle était également au centre de cette institution prestigieuse entre toutes, le théâtre britannique. Enfin, son mariage avec Laurence Olivier, harmonieux et durable, plaçait le couple qu'elle avait su construire au cœur de la société internationale de l'intelligence et du raffinement, l'inscrivant dans l'imagination et la mémoire des foules comme un symbole de perfection digne des plus anciennes et des plus belles histoires de l'amour partagé.

Pourtant, les mots adressés à Anna Karenine résumaient aussi le combat intérieur qui ravageait déjà son existence intime et qu'elle s'acharnait à dissimuler et à affronter avec toutes les ressources de son intelligence, de son charme et de son élégance morale ; en vain, puisque cela faisait longtemps que Vivien Leigh avait en fait commencé sa descente vers la folie et la mort, perdant peu à peu tout ce qu'elle avait su conquérir sur elle-même, sans jamais cesser d'opposer sa fierté aux rumeurs inquiètes et grandissantes du monde extérieur et se réservant l'ultime sursaut de disparaître comme s'il s'agissait d'un exil en pleine gloire et non d'une chute dans un abîme sans fond.

Aujourd'hui son empreinte demeure intacte et nul n'a jamais remplacé Vivien Leigh, sous les sunlights, sur la scène, dans le souvenir de ceux qui l'ont aimée et de ceux qui la découvrent encore. Car au-delà de l'éclatante réussite de tout ce qu'elle accomplît et de ce qu'elle sut donner, demeure la complexe et douloureuse énigme qui emporta sa vie; celle-là même devant laquelle elle fut la dernière à s'incliner, après avoir si ardemment tenté de la maîtriser et de la comprendre, avec l'impossible espoir de pouvoir lui échapper.

Warren Beatty : *"Qu'avez-vous à cacher à cette journaliste ?*
Vous la connaissez, c'est une amie ?"
Vivien Leigh : *"Elle me posera un tas de questions.*
Ce que je fais, qui je vois, pourquoi je vais à la dérive."
Warren Beatty : *"Je vais aussi à la dérive.*
Le monde, les étoiles, tout dérive. Est-il si triste de dériver ?"
Vivien Leigh : *"Oui, si l'on ne sait où aller."*

Printemps romain de Mrs Stone
Tennessee Williams, Jose Quintero 1962

Au début des années soixante, alors que son divorce d'avec Laurence Olivier vient d'être prononcé, Vivien Leigh est devenue désormais cette grande actrice entre deux âges imaginée par Tennessee Williams dix ans plus tôt, fuyant Londres, sa légende et le secours d'une dernière amie fidèle, pour abandonner son automne anonyme et solitaire au printemps vénal et frelaté du premier amour de rencontre l'accueillant dans l'impasse des nuits romaines. Et parmi ceux qui l'étreignent dans le clair-obscur d'une chambre de passage, avec un désir indifférent sans élan ni regard, calculant ce qu'elle pourrait être pour eux, combien savent ce qu'elle fut, son véritable nom, l'origine et les détours du grand voyage naufragé entre leurs bras ?

Au tournant du siècle, au jardin d'éden de l'empire des Indes, la visite triomphale des souverains britanniques, George V et Mary, recueillant l'hommage des maharajas, venait de confirmer pour les élus à la peau blanche dominant des multitudes sombres et indistinctes, la vérité du rêve et l'ordre intangible du monde reflétés dans le miroir de Kipling, lorsque naquit Vivien Hartley, un soir de novembre 1913, dans un de ces élégants cottages de Darjeeling où se dissipent parmi la pureté de l'air himalayen, le chatoiement des uniformes, et les usages strictement codifiés de la société coloniale, les souvenirs de la vie brumeuse de la mère patrie et les humides effluves de Calcutta.

Loin du Yorkshire et d'une gentry anglicane et policée, l'Inde avait fait la fortune de l'aventureux et séduisant Ernest Hartley, en lui apportant la satisfaction supplémentaire d'y découvrir une épouse, Gertrud, jeune femme décidée et catholique, accoutumée depuis l'enfance à son pays d'adoption qui avait mêlé à ses origines imprécises d'ascendants irlandais quelques aïeux indigènes.

Vivien, enfant de ce mariage d'amour admis avec réticence par l'élite des expatriés, hérita ainsi une marginalité subtile au sein même du territoire de la douceur de vivre. Cependant, parmi les norias de domestiques servant ses parents dans leurs résidences successives, et au contact d'une société qui avait reconstitué toutes les habitudes de la mère patrie, en les teintant des parures et des couleurs féodales de la vie coloniale, l'enfant vécut ses premières années dans l'ignorance de cette différence n'occupant que l'esprit des adultes, et avec le sentiment d'être le centre d'un monde qui n'existait que pour elle. Et si l'on s'aventurait parfois en pousse-pousse parmi les foules indiennes, c'est en Bentley que ses parents l'emmenaient aux courses du vice-roi, au golf où excellait sa mère, au club de tennis où son père entretenait ses relations d'affaires.

Néanmoins l'intelligence mutuelle d'Ernest et de Gertrud les avait incités à ne pas être prisonniers des facilités d'une existence dont ils profitaient pleinement et leur jugement était plus perspicace que celui de tant d'autres exilés.

Leur situation brillante et fortunée, acquise par l'exil et imposée par une force dont ils n'étaient pas certains d'être entièrement solidaires, leur paraissait précaire et mortelle. Quelques officiers n'avaient-ils pas évoqué assurément sans trop y croire, un soir de cafard et d'alcool, le sort d'un autre sud, celui des États-Unis, qui avait vu sa civilisation, ses grâces et ses privilèges emportés brutalement et sans recours par les temps modernes ? Certes, en Inde, la Couronne veillait méticuleusement à ce que rien ne change pour des Scarlett encore dans l'enfance, songeant impatiemment au jour où elles seraient assez grandes pour monter à leur tour sur des éléphants chamarrés d'or, dociles aux commandements de leurs voix frêles relayées par des indigènes dont elles ne croisaient jamais le regard, mais ces histoires d'un autre empire avaient retenu leur attention et conforté leur sens de la fragilité des destins individuels dans l'obscur mouvement du monde.

Ils décidèrent donc de soustraire l'enfant trop choyée aux charmes et aux illusions de l'Inde et la placèrent en pension dans un strict collège catholique d'Angleterre.

Vivien y demeura sept ans, luttant par le charme et l'art de plaire aux autres pensionnaires, contre les morbides illustrations du péché et le chagrin de l'éloignement, imposés par une éducation rigide et contrainte.

Cependant, Gertrud n'abandonnait pas la petite reine de Darjeeling devenue écolière en uniforme, perdue dans le dortoir trop grand d'un internat glacial : elle parcourait avec elle l'Europe durant les vacances, prolongeant dans les palaces de Saint-Moritz ou de Capri, les délicieux mirages de la première enfance.

Vivien, qui acceptait sans révolte apparente, les usages de l'éducation anglaise, semblait heureuse de franchir ainsi constamment les frontières de plusieurs mondes où elle se trouvait toujours à l'aise sans jamais vraiment leur appartenir.

Durant l'été, son père les rejoignait ; un petit cercle de fidèles accompagnait alors la famille Hartley à travers ses diverses villégiatures. Et bien que jamais rien ne fut évident ni précisé, Vivien, unique adolescente parmi les adultes, sentait que le durable attachement réciproque unissant ses parents se compliquait d'autres affections et d'autres désirs où leurs divers amis jouaient chacun un rôle.

Quoiqu'elle eût le sentiment d'être maladroite face au bonheur de vivre de son père et à la vivacité romanesque de sa mère, le goût de séduire qui l'avait sauvée de l'ennui au collège, certaines lectures clandestines et le parfum de luxe et de liberté du grand tourisme de ces années-là, lui révélaient peu à peu à quel point certains expatriés anglais avaient du mal à se réadapter au conformisme insulaire. On croisait plus souvent dans les couloirs des grands hôtels Lady Chatterley que des bourgeois victoriens.

Une confiance absolue, doublée d'une tendresse très profonde l'unissait à ses parents. Mais chacun y gardait aussi sa part d'ombre et de secret.

Tout de même, Gertrud s'étonnait parfois de la docilité de sa fille et de sa manière de paraître toujours en enfance, alors qu'elle témoignait également d'une intelligence aiguë, d'un raffinement du goût remarquable, et d'une aisance tout à fait surprenante dans les univers changeants qu'elle traversait en passant naturellement d'une langue à une autre.

Or, lors d'une visite à l'internat, la mère supérieure avait évoqué auprès d'elle, à mots couverts, de brèves périodes d'abattement et quelques violents caprices déchirant l'harmonie des apparences, en mettant à tout hasard ces écarts inexpliqués sur le compte d'une faiblesse pulmonaire. Ainsi, tandis que Gertrud s'engageait dans le chemin malaisé pour elle d'une quête aux confidences, Vivien se contentait de sourire sans paraître comprendre le sens de ses questions à demi formulées.

Non, il n'y avait sans doute pas à s'inquiéter. L'adolescente qui ajustait pudiquement son maillot de bain en faisant du ski nautique sur un lac de montagne était bien encore l'enfant de Darjeeling.

Cependant, en Angleterre même, le carcan de la morale victorienne craquait sous les coups de boutoir d'une jeunesse qui ne pardonnait pas qu'on l'ait conduite, docile et aveuglée, sur les champs de massacre de la Grande Guerre.

Depuis les macérations adolescentes de collèges très fermés, sans femmes et sans parents, surgissaient de séduisants révolutionnaires dorés, aux grâces délicatement androgynes, qui réclamaient l'amusement comme un droit et la liberté des mœurs comme une conquête, dévoilant avec une jubilation cynique les hypocrisies jusqu'alors soigneusement camouflées de cette aristocratie dominante dont ils étaient issus.

Des parents intelligents et fortunés, une enfance teintée de la grandeur nostalgique de l'empire des Indes, des études raffinées, un parfum de grand monde cosmopolite: le plus beau fleuron de la civilisation anglaise, Vivian Hartley.

Un fils de famille, ayant vécu son adolescence aux marges du grand monde et aux crochets de quelques fortunes avides de distraction, et que la ruine de ses parentés avait rendu encore plus vif et plus cinglant, Cecil Beaton, photographiait ainsi le glissement du monde puritain vers un monde masqué en lui opposant les sarcasmes joyeux de sa propre image travestie, en Lord, en voyou ou en Lady revêche et vieillissante. Ces instantanés et ces attifements, poursuivis avec une sorte de joie diabolique et d'habileté sans égale dans le maniement des limites de l'insolence, de garden-parties en bals et de week-ends champêtres en reportages dans les magazines à la mode, lui valurent bientôt une flatteuse réputation d'arbitre des élégances en devenir et d'observateur, sans autre complaisance que celles qu'offre le culte du plaisir, des frivolités du progrès et de son nouveau genre. Malice était entrée par effraction au pays des merveilles, elle en détournait désormais les apparences pour les façonner ensuite à sa manière et au profit de son désir de vivre personnel. Vivien était encore trop jeune pour partager cette jubilation cynique, mais elle en comprenait fort bien le sens, ainsi que les dangers : les garçons orphelins qui gravitaient autour de Cecil Beaton étanchaient une soif de plaisir semblable à la sienne, et ils seraient pour elle des partenaires exigeants bien plus rivaux que complices. Plus tard... enfin, bientôt.

Un jeune avocat plein d'avenir, Leigh Holman, voulant l'épouser, Vivien se crut amoureuse, alors que l'essentiel était pour elle de fuir l'enchaînement des collèges et des voyages.

Une cérémonie fastueuse, un voyage de noces zigzaguant entre les premières hordes nazies s'emparant de l'Allemagne, tout de suite enceinte et mère à vingt ans : la vie s'éloigne-t-elle déjà avant de s'être laissée entrevoir ?

Un humour acide et cruel, la lucidité comme but, le snobisme comme méthode, la qualité comme plaisir, l'indulgence pour les vices qui servent l'ambition et le mépris pour ceux qui la rendent médiocre : l'orchidée carnivore de la société anglaise , Cecil Beaton.

Laurence Olivier : *"Je vous adore. Est-ce que vous m'aimez ?"*

Merle Oberon : *"Je vous aime bien."*

Laurence Olivier : *"C'est tout ?"*

Merle Oberon : *"J'ai de l'affection pour vous."*

Laurence Olivier : *" Cela ne suffit pas."*

Merle Oberon : *"Vous pourriez m'intéresser."*

Laurence Olivier : *"Cela ne suffit pas non plus."*

Merle Oberon : *" Que vous faut-il de plus ?"*

Le Divorce de Lady X
Tim Whelan 1937

Leigh devant fréquemment s'absenter, Vivien reprit alors cette habitude du théâtre que sa mère lui avait fait aimer depuis l'enfance. Cette fois, cependant, il ne s'agissait plus seulement d'un divertissement sans conséquence pour les conversations féminines d'après-dîner, lorsque les hommes s'éternisent au fumoir. Vivien n'avait aucun reproche à adresser à un mari amoureux et attentionné que ses absences attristaient le premier, mais cette existence rangée la laissait en proie à une insatisfaction qui, pour être vague, ne laissait pas d'être de plus en plus obsédante. Les curieuses crises de mélancolie profonde et de violence irraisonnée qui avaient clandestinement torturé son enfance rejoignaient désormais le bovarysme dans lequel elle s'était laissée enfermer alors même qu'elle avait rêvé d'une vie nouvelle.

Elle admirait ainsi particulièrement un jeune comédien dont les prestations brillantes fascinaient la société londonienne, John Gielguld ; celui-ci, à travers les rôles shakespeariens qui venaient de le rendre célèbre, lui donnait le sentiment d'explorer l'univers étrange de ces remous intérieurs dont la soudaineté, la violence et la complexité l'inquiétaient. Elle suivit des cours, voulut devenir actrice comme on se jette vers une porte de secours. Mais, au fur et à mesure qu'elle prenait conscience de ses capacités d'actrice, son éloignement de la vie bourgeoise s'accentuait avec le désir de rencontrer un autre homme qui pourrait l'accompagner sur le chemin neuf dans lequel elle venait de s'engager.

Vivien: « Si j'avais un vœu à faire, je ne demanderais pas trois semaines, je demanderais trois mois, trois ans, trente ans. Ce que font les gens en trente ans nous le ferons aussi. En trente ans, on peut se rencontrer, s'aimer et se marier. Et puis mourir, je suppose. Mourir ensemble, après au moins trente ans. Vivien Leigh et Laurence Olivier, Vingt et un jours, *Basil Dean, 1937.*

C'est alors que, sous les feux d'une première théâtrale, elle découvrit Laurence Olivier, et décida aussitôt qu'il serait cet homme-là et pour toujours. Mais Laurence Olivier était un acteur célèbre, heureusement marié, et partenaire de la plus grande étoile britannique, Merle Oberon. Les obstacles paraissaient insurmontables.

Vivien, cependant, s'en tenait à ce qu'elle avait décidé, confiant à sa mère stupéfaite, lors d'un séjour à Biarritz, qu'elle épouserait cet homme qui ne savait encore rien d'elle. Gertrud comprit anxieusement que les doutes qui l'avaient effleurée autrefois étaient bien en deçà de la personnalité véritable de sa fille. Ainsi, la jeune épouse comblée qui prenait un plaisir candide aux jeux de plage était double, beauté irréprochable de tact et d'élégance, abritant avec une secrète épouvante une sorte de monstre dévoré d'un ressentiment obscur et d'une exigence charnelle violente, qu'elle tentait d'étouffer au prix d'une tension et d'un effort surhumains, pour se dépasser dans une aventure artistique et un amour aux desseins illimités.

Alors qu'elle se trouvait dans une telle disposition d'esprit, il n'était pas surprenant que, de leur côté, les joyeux viveurs qui pratiquaient avec une sorte d'héroïsme sans compromis la légèreté et le raffinement en vigueur à la cour de Cecil Beaton eussent remarqué une jeune comédienne à la fois si prometteuse et si languide. Ils glissaient désormais auprès d'elle avec une attention avide, tandis que son charme lui ouvrait de plus en plus rapidement les accès de la scène et des plateaux de cinéma.

Tandis qu'elle s'éloignait et qu'il la comprenait de plus en plus mal, au carrefour de plus en plus couru où s'imbriquaient les milieux de la mondanité et du succès, Vivien se sentait encore un peu perdue avec un secret beaucoup trop grave pour ne pas torturer son mari, et bien trop intense face aux brillants sarcasmes de ses nouveaux alliés. Elle demeurait donc ainsi, hésitante et timide, au seuil du cercle de Cecil Beaton où elle savait pourtant que sa place était retenue. Les dons éblouissants de l'infatigable Peter Pan des arts, qui s'obstinait à papillonner parmi les mondes les plus divers et à y butiner avec une précision aiguë ce qu'il assemblerait ensuite en de vénéneux bouquets personnels, faits d'articles, de livres, de photos, et de mots cruels pour les jeter avec une exquise irrévérence à la face de toute la gentry, n'étaient-ils pas les meilleures armes pour courir plus vite que le désespoir, le long d'une même marge montant jusqu'au sommet ? Elle en était persuadée, mais comment franchir les premiers pas sans retour vers les brillantes parties de campagne où le travestissement, la caricature et la critique se nourrissant du snobisme qu'ils déchiquetaient joyeusement, la conforteraient dans sa singularité au risque de l'affaiblir en plaisantant de ses rêves ?

Contrairement à la majorité des Britanniques, horrifiés, elle retint également à son profit, les leçons de la liaison amoureuse d'Édouard VIII avec une Américaine deux fois divorcée, Wallis Simpson. Puisque le roi d'Angleterre n'avait pas hésité à déposer sa couronne pour épouser la femme qu'il aimait, Vivien saurait bien rejoindre Laurence sur son piédestal et l'obliger à accepter qu'il la prenne avec lui.

Cecil Beaton avait fait les photos du mariage scandaleux ; Vivien ne doutait pas qu'il aurait un jour le privilège de fixer aussi celles des noces dont rien ne pourrait la détourner.

*Belle, intelligente, épouse du magnat
des producteurs anglais Alexandre Korda,
Merle Oberon, aux traits discrètement exotiques,
fut la plus grande étoile
du cinéma britannique d'avant-guerre.*

Elle se décida soudain, franchissant la frontière imprécise qui séparait les usages policés des gens chics des plaisirs aigus de ceux qui aspiraient à le devenir, en apportant la douceur, la poésie et le parfum de son départ là où on a besoin de tout pour arriver. Elle y fut accueillie avec toutes sortes de fleurs, des belles, des tendres et des carnivores. Les dernières ne lui faisaient pas peur, son appétit était autrement plus féroce.

Un comédien prestigieux, observateur subtil et pervers des passions humaines, Charles Laughton, avait également repéré Vivien. Son interprétation dans le rôle d'Henri VIII faisant décapiter son épouse Anne Boleyn, incarnée par l'omniprésente Merle Oberon, avait considérablement accru son prestige auprès du mari de l'actrice, le flamboyant et tout-puissant producteur Alexandre Korda. Ainsi pour Vivien, le grand jour arrivait enfin. Korda vit les photos que Cecil Beaton avait faites d'elle; il demanda à la rencontrer. Elle devint aussitôt l'intime du couple qui dominait le cinéma britannique. A travers eux, Laurence Olivier était enfin à sa portée.

Korda cherchait alors précisément une jeune inconnue qui parut innocente et candide, mais qui fut déjà expérimentée en comédie pour donner la réplique à Laurence Olivier dans un film noir, de suspense et d'atmosphère. Vivien se glissa dans l'enveloppe du personnage de fausse ingénue prévu par le scénario avec une facilité stupéfiante qui fit même frissonner le beau visage de marbre de Merle Oberon; et le public se montra aussi troublé que la grande actrice: il adora le film, le nouveau couple d'étoiles qui s'était formé devant lui, et puis aussi tous les sous-entendus des situations et du dialogue.
Vivien était désormais si près du but qu'elle avait pris soin de dissimuler sa stratégie. Laurence et elle n'avaient-ils pas un double meurtre sentimental à accomplir, dans la vie comme dans le film, en écartant ceux qu'ils avaient épousés une première fois ? Elle était donc apparue tout au long du tournage, encore plus enjouée, douce et rassurante qu'à l'habitude. Et si Laurence fut le seul à la juger mau-

vaise actrice, c'est sans doute parce qu'il n'avait pas encore bien compris le rôle. Il est vrai qu'il l'avait aussi trouvée charmante. Or, curieusement, le hasard avait fait qu'elle prenait ses vacances à Capri, en novembre, dans l'hôtel même où Laurence et sa femme vivaient une seconde lune de miel, après la naissance de leur fils. On s'amusa beaucoup entre amis du spectacle, devenus touristes sans autres obligations que de jouir des plaisirs de la mer, du soleil et de l'Italie.

Cette fois, pourtant, Laurence avait saisi le scénario, et il brûlait d'envie, chaque jour un peu plus, d'en connaître le dénouement. Dans un hôtel de Rome, pour une escapade de quelques heures prévue devant leurs époux respectifs avec une vague indifférence, et compliquée d'une panne d'auto providentielle, Vivien lui en fit brusquement tourner les pages.

Tout s'était donc passé comme prévu. La jeune déracinée courant les matinées théâtrales londoniennes n'avait tout simplement jamais douté de devenir une actrice célèbre et de séduire l'inconnu qu'elle avait choisi pour être le grand amour de son existence.

Laurence, qui savait comme toute ascension est difficile, était médusé par tant de volonté efficace. Et comme nul n'avait jamais fait un tel chemin pour le conquérir et lui proposer une relation de cette qualité, il ressentit une gratitude infinie, s'attacha, l'aimant à son tour de plus en plus.

Et comment aurait-il pu résister à cette jeune femme si belle et remarquable, dont le nom était maintenant sur toutes les lèvres, et qui, dans la célébration frénétique de leur plaisir charnel comme dans la douceur de leurs autres heures, lui offrait le meilleur d'elle-même avec sa vie tout entière ?

Les brillantes relations de Laurence subissaient également le charme de Vivien. Ainsi, Lady Diana Cooper, qui avait pourtant une expérience certaine en ce domaine, lui ouvrit toutes grandes les portes de cette élite internationale dont elle était l'une des reines incontestées. Tandis qu'une jeune ballerine, dont l'ascension fulgurante rappelait beaucoup la sienne, Margot Fonteyn, se liait d'amitié avec elle, partageant ses accès de gaieté et de rire, sa folie des dépenses déraisonnables, et son désir de brûler à toute allure tout ce que pouvaient alors offrir la profusion et la douceur de vivre de Londres. Même Noel Coward, oracle acerbe et sardonique du théâtre le plus furieusement à la mode, ne trouvait rien à redire devant une jeune comédienne dont l'accent et l'esprit de repartie clouaient ses moqueries et nimbaient ses textes d'une pureté douce amère dont leur cruauté légère portait l'empreinte et le regret.

Si le roi Edouard n'hésite pas à abandonner sa couronne pour épouser Wallis Simpson, américaine de la café society, deux fois divorcée, pourquoi n'obtiendrais-je pas, moi aussi, l'inatteignable Laurence Olivier ?

À Hollywood, David O. Selznick, le Moghol trop grand pour la cité des rêves, venait de bloquer les droits d'un roman fleuve, *Autant en emporte le vent*, écrit au long de plusieurs années d'effort par une journaliste obscure d'Atlanta devenue aussitôt célèbre, après que le livre eut rencontré un succès phénoménal, Margaret Mitchell. Depuis, Selznick lisait méthodiquement le livre entrevoyant peu à peu que la production du film qu'il en tirerait serait la grande œuvre de sa vie.

Mais les enjeux étaient tels que Selznick, bien qu'étant la plus formidable machine de guerre solitaire qu'eût connue la capitale du cinéma, n'était sûr de rien pour la mise en œuvre du projet, si ce n'était que Clark Gable en serait Rhett Butler, le héros masculin.

Le choix de celui que l'on appelait le King avait été amplement ratifié par d'écrasantes majorités de lectrices de la presse féminine, qui lui avaient pardonné son mariage avec Carole Lombard parce qu'elle était tout simplement si chaleureuse et sympathique qu'aucune aspirante rivale ne pouvait en être jalouse. En revanche, le choix de Scarlett demeurait une énigme aux hypothèses multiples et indéchiffrables.

En Angleterre, le livre de Margaret Mitchell avait également été un best-seller, et Merle Oberon s'était aussitôt embarquée pour Hollywood dans le but déclaré de tourner *les Hauts de Hurlevent*; mais avec le projet soigneusement préparé, de concert avec Korda, de rencontrer Selznick.

Laurence, devant être une nouvelle fois son partenaire, l'avait suivie avec réticence: toute cette ébullition lui paraissait vaine, il se détachait peu à peu du cinéma au profit du théâtre, et il ne voulait plus se séparer de Vivien dont la carrière connaissait à Londres un essor considérable.

Pendant le tournage des *Hauts de Hurlevent*, Vivien n'avait cessé d'être en contact avec lui, en promettant de le rejoindre d'autant plus vite qu'elle était certaine d'être choisie pour le rôle de Scarlett. Cette fois, Laurence pensait qu'elle était décidément beaucoup trop sûre d'elle. Ne venait-il pas de voir les très beaux essais que Merle avait faits pour Selznick? Non, sa petite partenaire, si charmante fût-elle, n'était vraiment pas de taille à affronter la bataille des lionnes d'Hollywood où la reine des studios de Londres avait fait cette entrée fracassante. Et Selznick n'était pas homme non plus à miser un seul dollar sur une jeune comédienne totalement inconnue en Amérique et venant d'un territoire de cousines pauvres, le cinéma anglais.

Vivien, cependant, venait de surgir à son tour dans la ville dorée. Laurence, qui s'y sentait de plus en plus mal, l'accueillit avec une satisfaction sans mélange. Il avait compris depuis longtemps qu'il ne pourrait plus se séparer d'elle. Mais, loin des attachements, des conventions et des rumeurs mondaines de Londres, son amour pour elle prit un nouveau cours, encore plus exclusif et violent. L'admiration qu'il ressentait à son égard ne cessait de croître alors qu'il l'observait, encore anonyme mais de moins en moins ignorée, se déplaçant avec une grâce infinie parmi les intrigues brûlantes et le suspense à vif qu'avait fait naître le projet du grand film, dans un choc d'étoiles sur le plateau des essais de Selznick et de stratégies de toutes sortes parmi la succession des fêtes et des soirées, telles qu'on n'en avait jamais vues de semblables. Et puis il y avait les nuits, toutes ces nuits où ils étaient enfin parfaitement l'un à l'autre avec ce désir réciproque qui multipliait jusqu'à l'aube les inépuisables étreintes de leurs chairs jamais assouvies.

Avec Vivien, la morne vie d'exilée était instantanément redevenue une fête. Son aptitude miraculeuse à repérer tout de suite la crème des meilleurs compagnons et des esprits les plus élégants et les plus vifs faisait s'enchaîner les pique-niques, les croisières et les conversations brillantes à un rythme étourdissant que Laurence observait avec une gratitude stupéfaite en se demandant par quel sortilège une nouvelle venue qui ne connaissait personne avait su rendre harmonieuse et belle la ville avide et vulgaire.

Selznick se posait aussi la même question. Sa femme, Irène, figure légendaire du monde du spectacle américain pour être la fille de Louis B. Mayer, l'amie des plus grands metteurs en scène de théâtre et de cinéma, et une intellectuelle à la culture encyclopédique, avait pris Vivien sous sa protection, comme une souveraine repérant enfin une disciple parmi la foule tiède d'une cour provinciale. Et elle avait annexé le jeune couple des comédiens anglais au cercle restreint où Selznick oubliait provisoirement ses inquiétudes, loin de l'étouffant rempart d'envies et d'intérêts qui se resserrait sur ses pas. Tout le monde ayant subi l'épreuve des essais pour Scarlett, il suivit négligemment le conseil de sa femme : Vivien était si rapidement devenue l'étoile de leur vie familiale qu'il serait peut-être intéressant d'examiner s'il s'en reflétait quelques éclats sur un bout de film ; et puis à défaut de Scarlett pour qui Paulette Goddard lui semblait finalement le meilleur choix, il restait encore bien des seconds rôles a pourvoir.

Il vit le résultat, entre deux rendez-vous, deux notes dictées à ses secrétaires, puis demanda à le revoir. Plus calmement, et pour une autre fois et une autre encore. Peu à peu l'idée de Paulette Goddard devint moins certaine. Homme d'orgueil n'aimant guère imaginer qu'il puisse commettre une erreur, mais producteur si exigeant que la seule morale qu'il connût était celle du film, il admit enfin dans le silence obscur de sa salle de vision privée que oui, c'était elle, là, bien sûr, Vivien, cette magicienne inconnue, et elle seule et personne d'autre, Scarlett.

Il attendait cependant encore un peu avant de faire connaître sa décision. En effet, quelles seraient les réactions de ses associés, de la presse et du public qui avaient fébrilement joué avec lui depuis trois ans à la grande enquête pour savoir qui de Bette Davis, de Paulette Goddard, de Lana Turner ou de Loretta Young, serait l'élue du film et de Clark Gable ? N'allaient-ils pas se livrer à une désillusion bruyante et à des critiques dangereuses quand il leur faudrait apprendre à mettre le nom d'une inconnue sur celui d'une héroïne à qui ils avaient déjà confié de si fortes et si glorieuses apparences ?

Il fit commencer les prises de vues sans rien dévoiler de son choix. Mais alors qu'on tournait l'incendie d'Atlanta, en abandonnant au feu les vieux décors d'*Intolérance* et de *King Kong* comme on arrache les pages du passé pour écrire un nouveau chapitre destiné à réinventer toute l'histoire, et que Vivien assistait à cette apocalypse où se consumaient les vieux fantômes, il fut frappé une nouvelle fois par l'incroyable grâce de la jeune femme accueillant la naissance du phénix de son film et parmi l'océan des flammes, ce fut son regard soutenant l'éclat du brasier qui lui parut brûler d'un feu encore plus fort et plus pur. Il n'y avait pas à différer. La nouvelle électrisa Hollywood et la position personnelle de Vivien y était désormais si admirée qu'il n'y eut ni rejets ni médisance. Seulement, une intense curiosité de la part du public.

En revanche, l'équipe du tournage, avec Clark Gable en tête, demeurait réticente. Vivien sidéra chacun par son expérience et ce quelque chose d'unique, d'intemporel et de mystérieux qu'elle gardait d'une civilisation perdue et qui faisait d'elle, enfant exotique de l'Angleterre et de l'empire des Indes, cette vraie Sudiste devant qui s'inclinerait la vie de Rhett Butler.

Autant en emporte Hollywood, Selznick ne s'était pas trompé, aucune gloire n'aurait pu égaler celle que Vivien était en train de conquérir.

Margaret Mitchell : le manuscrit achevé était plus haut qu'elle.
Elle mourut quelque temps après
la sortie du film, en traversant la rue,
écrasée par une voiture.

À travers l'Amérique entière, on sut très vite qu'après le film et après Vivien, le cinéma et ses étoiles ne seraient plus jamais tout à fait pareils. La succession de fêtes qui salua la première à Atlanta eut ainsi l'éclat du couronnement d'une reine.
Et bien que la production du film eût été d'une ampleur sans précédent, que la distribution eût été étincelante, qu'Olivia De Havilland, Leslie Howard, et puis Carole Lombard, et Clark Gable fussent venus en personne, donnant au public cette image du couple idéal d'une Amérique belle et chaleureuse, c'est Vivien qui enflammait les foules parce qu'elles avaient immédiatement senti qu'elle venait d'ailleurs, d'un autre cercle du rêve, de ce territoire du passé dont elles avaient eu si longtemps la nostalgie et dont elle rapportait vers eux, en incarnant Scarlett, souriante et souveraine, enfin le souvenir avec l'histoire.
Cependant, au cœur même de son triomphe, Vivien n'avait cessé de penser un seul instant à Laurence.

“Nous allons avancer
avec nos cœurs,
nos nerfs,
notre esprit d'acier.
Nous attaquerons,
nous frapperons nos ennemis,
nous vaincrons.
Urgence dans nos décisions,
rapidité dans l'exécution
de nos plans,
courage face à nos ennemis.
Et que Dieu nous bénisse !”

Laurence Olivier

David O. Selznick : le producteur du plus grand succès de l'histoire du cinéma fut toujours un homme seul qu'aucun des grands studios ne parvint à acheter.

Mais le déchaînement de la guerre mondiale leur apportait des nouvelles tragiques, tandis que les actualités diffusaient avant leurs films les images du Londres de leurs amours clandestines, martyrisé par les bombardements incendiaires.

Ils se marièrent enfin, après que Vivien eut cette élégance qui n'appartenait qu'à elle d'attendre que Leigh y consente et s'envolèrent vers la désolation de l'Ancien Monde, avec le courage de se savoir

Autant en emporte le vent*: après cinquante ans, on vient d'écrire la suite. Il paraît que c'est très bien, mais qui remplacera Vivien-Scarlett au cinéma ?*

ensemble pour l'affronter et l'angoisse qu'il parvienne malgré tout à les séparer.

Vivien, qui avait toujours été indifférente à la politique, essayait de penser qu'elle se retrouvait dans la situation de toutes les épouses d'Angleterre, redoutant que leur mari ne parte pour ne plus revenir. Mais cette peine constante se compliquait de l'inquiétude qu'elle éprouvait pour Leigh qu'elle aimait comme un frère malgré leur divorce, et de l'affolement ressenti à l'idée que Laurence, incapable de conduire correctement une voiture, avait été versé dans le pilotage aérien.

Elle détestera cette guerre qui lui arrachait toutes les protections qu'elle avait eu tant de mal à ériger. Non, finalement, elle avait encore plus peur que les autres femmes et cette peur était d'une espèce qu'elle était seule à connaître puisqu'il s'agissait de celle qu'elle fuyait depuis l'enfance et qui s'était saisie de la guerre pour la rattraper.

Laurence ne pouvait comprendre ; il avait rejoint, le cœur léger, le monde des hommes, où l'on appelle devoir ce qui n'est somme toute que le goût de l'aventure.

Cependant, pour Vivien, le plus dur avait été de tenter de faire comprendre sa détresse à Laurence ; la vanité de cette démarche avait accru une solitude inavouée compliquée par le remords de ne pouvoir être tout à fait comme les autres. Elle voulut alors modeler sa vie selon les codes de l'Angleterre en guerre, présidant des fêtes de charité, multipliant les tournées de théâtre aux armées, offrant jusque dans les abris des nuits de bombardements des soupers raffinés, négligeant, comme l'ensemble de ses compatriotes, alertes, pénuries et dangers pour que Laurence eût le sentiment de la retrouver égale à l'idée qu'il voulait se faire d'elle, et à l'unisson d'un peuple que rien ne pouvait abattre.

Elle fut ainsi cette Lady Hamilton dont Korda avait fait le symbole de la résistance anglaise, suscitant l'admiration de Churchill lui-même à l'égard de la grande actrice qui trouvait des accents étranges et inconnus pour évoquer tout ensemble, l'émotion, le désir et l'épouvante.

> “ *Que Dieu te protège*
> *Carole Lombard.*
> *Et où que tu sois,*
> *bonne chance !* ”

Irène Dunne devant le mémorial
de Carole Lombard à Hollywood

Elle avait gardé des relations chaleureuses avec Carole Lombard, et avec sa manière bien à elle de demeurer toujours fidèle à ses amis, elle lui envoyait ces belles lettres pleines de poésie, de conseils, et d'affection, que l'on conservait toujours par-devers soi parce qu'elles étaient si bien écrites.

L'étoile américaine, Junon provocante, aimant la bière, les hommes bagarreurs, les mots salés et les plaisanteries risquées, répondait à ces signes d'amitié et lui donnait un peu de courage pour tenir bon dans ce rôle de grande dame héroïque du théâtre britannique qu'elle tenait pour Laurence.

Cependant, Carole, qui sillonnait les États-Unis pour vendre des bons d'armement, ne trouvait pas grand mérite à rester proche de Vivien malgré leurs différences, les distances et la guerre ; elle aimait la frêle actrice anglaise si distinguée, en qui elle avait reconnu pour l'essentiel une femme de la même trempe qu'elle.
Ainsi, la mort de Carole, dont l'avion s'écrasa dans les montagnes Rocheuses, pendant une tournée patriotique, la laissa profondément désemparée. Mais le chagrin de Vivien n'était pas exactement celui que Laurence avait cru percevoir en elle. A travers les images qui lui parvenaient d'Hollywood où Irène Dunne et Clark Gable saluaient la mémoire de l'étoile disparue, Vivien voyait surtout que Carole n'avait connu l'amour qu'à son zénith, et elle l'enviait d'avoir pu partir la première, avant son mari, alors qu'elle redoutait si fort que la guerre ne la laissât seule après lui avoir pris Laurence.
Et si Clark tournait désormais comme une bête fauve atteinte par une terrible blessure sur les champs de bataille, en prenant tous les risques, Carole n'avait-elle pas eu la chance d'emporter avec elle l'image intacte de ce qui les avait unis ? Or, bien de ces unités de forteresses volantes où se trouvait affecté Laurence ne revenaient plus de leurs missions périlleuses, et Vivien nourrissait sa terreur de toutes ces pertes, soudaines et sans repères, à tel point qu'elle en était venue à souhaiter mourir en scène dans la déflagration d'un bombardement puisque, au cœur du néant, elle aurait encore l'amour de Laurence, pour toujours préservé, auprès d'elle.
Tout de même, il fallait vivre, un jour après l'autre. Et nul ne pouvait comprendre que la comédienne qui donnait l'exemple au monde du spectacle britannique au point de recevoir sans cesse l'hommage de la popularité décerné par le public, sentait peu à peu ses résolutions et son énergie la quitter tandis qu'elle rejoignait, sans cesse plus fragile, les désarrois et les ruines de la nuit.

Dans le tumulte collectif de la guerre, la voix singulière de Noel Coward résonnait très fort et si ses reparties acérées laissaient place à une langue de velours lorsqu'il invitait la famille royale à la projection des rushes d'*In which we serve*, sa forte personnalité et son désir de ne céder à aucun conformisme demeuraient intacts.

Ainsi, la guerre personnelle de Vivien contre le désespoir lui semblait aussi digne d'attention que les grandes gestes héroïques qu'il mettait en scène. Mais comment s'y prendre pour le lui faire sentir ? Vivien paraissait être comme la reine ; une femme si aimable et bienveillante qu'on eût dit qu'elle ne savait rien du malheur tant elle mettait de persévérance à vouloir l'écarter avec grâce.
Merle Oberon avait retrouvé Alexandre Korda, l'accompagnant dans un grand renfort de photographes et de reporters à la cérémonie de son anoblissement. Mais leur mariage n'était plus qu'une convention, et Vivien était maintenant parfois si lasse qu'elle redoutait pour le sien, cette fatigue sournoise dont la guerre avait accablé un aussi grand amour. D'autant plus que le public anglais, ignorant Scarlett, lui préférait Shakespeare, donnant à Laurence les moyens de mettre en scène les chefs-d'œuvre classiques et laissant à Vivien, les premiers rôles certes appréciés, mais autrement, d'un théâtre réputé plus facile. Et alors que s'achevait la guerre, et que renaissait le vieil éclat de Londres, Vivien eut en fait le sentiment qu'on éteignait les lumières autour d'elle.

Pourtant, Laurence l'aimait toujours aussi intensément. Idole incontestée du public théâtral et unanimement admirée dans le monde entier pour ses films, il était resté ce fils de pasteur timide à qui Vivien avait fait le plus grand cadeau qu'il eût jamais osé rêver de recevoir : celui de l'amour absolu d'une femme. Et alors qu'il en avait retiré cette confiance en lui-même qui venait de lui permettre de franchir l'étape la plus difficile et la plus prometteuse de sa carrière, en passant à la mise en scène théâtrale et cinématographique, il mesurait les ravages silencieux que la guerre avait apportés à l'équilibre de Vivien, et il désirait absolument l'en délivrer, bien qu'elle refusât de se plaindre en affectant de paraître toujours aussi maîtresse d'elle-même. La vie mondaine au zénith de la haute société offre aussi l'avantage de gommer tout ce qui menace le code des usages et le charme des réceptions ; décors, rencontres et conversations sont toujours aimables, raffinés et gracieux. Admirée et célèbre, Vivien se servait ainsi du tourbillon joyeux des convenances du grand monde pour y noyer toutes les menaces de l'inquiétude et de la vérité.

“ Hollywood est un monde à part.
C'est une féerie où l'on fait
de très bons films.
Mais nous voulons en faire
d'aussi bons, et même de meilleurs.
Je reviens avec le projet
résolu d'y parvenir. ”

Alexandre Korda

Laurence l'incitait notamment à accepter les nouveaux projets de Korda, qui revenu d'Hollywood, était plus combatif que jamais.
Or, Cecil Beaton, qui avait vécu une étrange liaison avec Greta Garbo, dont il était ressorti plus primesautier et plus ironique que jamais, incitait de son côté le producteur à tourner une nouvelle adaptation d'*Anna Karenine*, l'un des plus grands succès de la Divine, autant pour se venger de l'échec de son aventure que pour assurer la direction artistique. Il n'envisageait qu'une seule étoile pour un projet si risqué : Vivien.
De son côté, Lady Diana Cooper, dont la fidélité et la loyauté à Vivien étaient absolues, avait reçu un coup de téléphone très inquiétant de Laurence. Après avoir perdu la promesse d'un enfant, puis avoir subi plusieurs bronchites qui s'étaient révélées être un début de tuberculose, Vivien s'était abîmée un soir dans une crise d'hystérie furieuse où elle avait insulté durant des heures son entourage, son mari, sa vie entière, pour s'effondrer ensuite, prostrée et misérable, épuisée de fatigue et de remords.
La Lady royale, devenue ambassadrice à Paris dans un proconsulat étincelant de mondanités prestigieuses, avait vu venir la crise depuis longtemps, mais sa gravité lui parut telle qu'elle incita à son tour Vivien à faire le film de Korda. Et tant pis s'il fallait attendre le secours d'une héroïne qui ne mettait fin à sa vie que par désespoir d'amour et solitude.

Pour *Anna Karenine*, Beaton se surpassa et jamais Vivien ne parut si belle devant une caméra. Mais le réalisateur, Julien Duvivier, ne comprenait pas bien son génie singulier ; il la dirigea sans tendresse et Vivien se sentit flouée d'un personnage auquel elle s'était identifiée dangereusement.
La première devant la famille royale au grand complet se déroula dans une cohue inhabituelle qui témoignait de l'atmosphère de folie dans laquelle le film était attendu.
On loua beaucoup Beaton, plus froidement Vivien, pas du tout le film.

Anna Karenine *Julien Duvivier, 1948.*
Non, le suicide de Vivien n'était pas celui d'Anna Karenine. Il était infiniment plus lent et encore plus cruel pour les autres.

Laurence, affolé, constatait que la conjuration des amis avait conduit à l'exact contraire de leurs espérances. Seule Vivien paraissait indifférente ; elle avait changé, en plus mal, titubant de crise en crise.
Il décida de tout reprendre et de l'emmener en tournée en Australie. Vivien avait aussi certainement souffert d'être considérée comme une moins bonne actrice que lui-même, et il savait qu'elle désirait de toutes ses forces redevenir sa partenaire en se mesurant au répertoire classique. Elle eut alors pour leur départ cet éclat radieux et retrouvé des premiers jours.

Vivien Leigh : *"Je vous préviens, je... je suis en danger."*

Marlon Brando : *"Pourquoi avoir fait cela ?"*

Vivien Leigh : *"Pour vous l'enfoncer au visage."*

Marlon Brando : *"Vous le feriez..."*

Vivien Leigh : *"Oui, cela, et bien pire encore..."*

Un Tramway nommé désir
Tennesse Williams, Elia Kazan 1959

Mais sur les rivages de Sydney glissait encore le souvenir de la silhouette fraîche et juvénile de Jean Simmons. La comédienne débutante anglaise était devenue célèbre du jour au lendemain, lorsque des producteurs l'avaient imposée pour le rôle d'Ophélie au détriment de Vivien, trop lasse et fragile, dans la version d'*Hamlet* que Laurence avait filmée.
À quoi bon gagner l'autre bout du monde et y porter un tel espoir, pour qu'il s'évanouisse bientôt devant les images retrouvées d'une blessure toujours aussi vive ?
Vivien commençait maintenant à tout confondre. Elle séduisit ainsi Peter Finch, comédien remarquable que Laurence avait découvert alors qu'il se morfondait loin de Londres; pour faire souffrir Laurence en croyant se venger d'une aventure qu'il n'avait pourtant pas eue avec Jean Simmons.
Finch était beau et talentueux. La passade de la déception languit en un adultère amer aussi difficile à rompre qu'à poursuivre. Et tandis que Vivien dissimulait ses regards, Laurence affectait de ne rien voir. Absents et silencieux, ils ne pouvaient supporter le spectacle d'un naufrage qu'ils n'avaient imaginé possible ni l'un ni l'autre.

Reporter : *"Si on considère vos pièces,*
vous devez avoir
tous les vices du monde."
Tennessee Williams : *"Sans doute, mais comme nous tous."*
Reporter : *"Vous en êtes sûr ?"*
Tennessee Williams : *" Oui, tous et comme tout le monde !"*

Cependant, Vivien, imperceptiblement, avait commencé à réagir. Un auteur dramatique américain à la réputation sulfureuse lui avait fait parvenir un texte bizarre et cruel où elle avait retrouvé quelques-uns des lambeaux épars de sa personnalité brisée.

En se prêtant à ses étranges obsessions, peut-être parviendrait-elle à mieux se connaître et à se reconstruire pour retrouver Laurence ? Vivien affronta donc Marlon Brando, voyou démoniaque pilotant avec une joie sauvage et une hâte brutale ce *Tramway nommé désir* où il jetait brutalement au visage de Blanche Dubois kidnappée le souvenir, dans le rétroviseur, d'une pauvre Scarlett fanée, titubant à chacun des cahots de leurs névroses différentes ; et elle l'emporta finalement sur le passé et toutes ses ombres, au terminus de la ligne.

> *« Ce prix m'enchante.*
> *J'ai tant aimé tourner « un Tramway ».*
> *Je vous en suis infiniment*
> *reconnaissante,*
> *ainsi qu'à Look Magazine. »*
>
> *Vivien Leigh*

Cependant, après l'Amérique, il lui fallait reconquérir Laurence, accouru pour la reprendre. Or, Laurence était médusé par la fantastique récupération de sa femme, mettant fin à la dérive de plus en plus vertigineuse des dix dernières années et il éprouvait une tendresse d'autant plus grande à son égard qu'elle avait fourni toute seule un effort, encore plus considérable pour le retrouver que celui qui lui avait permis de le conquérir. Cette tendresse s'accompagnait aussi d'un remords lancinant. Elle venait de prouver une nouvelle fois qu'elle était une des plus grandes actrices du monde, mais il lui avait fallu s'exiler pour cela en terre étrangère, en s'aventurant jusqu'aux portes de la folie. Certes, il avait souvent tenté de l'imposer au public anglais sur la scène à côté de lui, et Vivien ne lui avait guère facilité la tâche. Mais enfin, pourquoi n'avait-il pas su les convaincre qu'elle était en tout point digne de lui quand elle l'attestait d'une manière si éclatante et sans demander l'appui de personne ?

Son propre désir d'accomplir une grande œuvre ne l'avait-il pas empêché de voir qu'elle aussi de son côté rêvait d'atteindre le même but, et que, pour l'avoir tant aimé et admiré, elle n'avait jamais osé se plaindre de sa tiédeur à cet égard ? Il loua un théâtre, changea ses mises en scène, l'entraîna fermement vers les drames de Shakespeare. Elle avait toujours été si différente : on comprit enfin qu'elle était la meilleure.
Durant ces années-là, Sir Laurence et Lady Olivier furent bien ce couple royal du théâtre et du cinéma dont seule l'une des civilisations les plus anciennes et les plus raffinées du monde avait pu faire ses ambassadeurs.

Comme Cecil Beaton, Lady Diana Cooper, Noel Coward et tant d'autres héros enfin reconnus du singulier génie anglais, Margot Fonteyn, devenue l'une des danseuses étoiles les plus admirées de son temps, chérissait Vivien et s'inclinait devant son ineffable grâce résumant aux yeux du monde les perfections d'une société et d'une époque. Mais l'étoile qui se produisait au milieu des lumières des plus grands opéras savait aussi que le *Tramway nommé désir* cliquetant dans la nuit de Vivien, balayant de ses phares les carrefours d'ombre et de mystère de sa vie, s'était désormais éloigné en la laissant au bord du chemin, avec les peurs et les obsessions qu'il lui avait fait entrevoir, tandis que l'obscurité recouvrait de nouveau peu à peu son visage.
Vivien elle-même sentait que la fuite de sa jeunesse s'était achevée par un échec, puisque rien de ce qu'elle redoutait ne l'avait vraiment quittée, mais elle espérait maintenant pouvoir vivre autrement avec ce que le *tramway* avait confusément éclairé d'elle-même ; tant que Laurence l'aiderait et tant qu'elle serait assez forte pour ne pas supplier de le faire.
Survint le tournage à Ceylan d'une de ces superproductions où se concluait la brutale rivalité de Korda et d'Hollywood. Avec Peter Finch pour partenaire, si près de l'Inde de son enfance, et dans les étouffantes vapeurs humides d'une mousson que son organisme menacé par la tuberculose ne pouvait supporter. Entre souvenirs d'amertume fade, mémoire d'une enfance lumineuse à jamais perdue, et lassitude exaspérée d'un corps qui ne parvient plus à respirer, une

nouvelle crise de panique la submergea. On dut interrompre le tournage, appeler en hâte Elizabeth Taylor pour la remplacer, la renvoyer à Londres dans un avion spécial où nul ne pourrait entendre ses cris de terreur ni mesurer sa détresse et son égarement. A Londres, Laurence put donner le change aux reporters qui avaient passé la nuit à l'aéroport pour ne rien perdre de ce qu'ils avaient flairé d'un spectacle d'épouvante, et elle eut encore assez d'énergie pour décevoir leur attente morbide.

Mais si Laurence la tenait solidement tandis qu'elle jouait ses dernières forces dans la comédie de la paix retrouvée, certains accès de violence et de fureur sans but, ni limite ni contrôle, se montrèrent d'une telle gravité qu'il fallut la placer dans une maison de repos, hermétiquement retranchée de l'extérieur. Lorsqu'elle en ressortit, tétanisée par la barbarie des électrochocs, deux sentiments anciens, qui l'avaient déjà effleurée puis s'étaient éloignés sans laisser deviner qu'ils reviendraient un jour pour ne plus la quitter, ceux-là même qu'elle méritait le moins de devoir éprouver, accompagnaient sa démarche trop rapide et son sourire figé : le remords et la honte.

Le théâtre devint leur ultime refuge. Vivien avait pris l'habitude de vivre entourée d'une cohorte d'amis, réunissant les intimes, les gloires établies et les célébrités d'un jour, autant pour distraire Laurence des inquiétudes qu'elle se reprochait si amèrement de lui causer, que pour ne pas se retrouver seule avec lui parmi les fantômes des crises passées.

Mais ils n'étaient dupes ni l'un ni l'autre d'un tourbillon où les conversations brillantes masquaient avec peine qu'ils avaient de plus en plus de mal à se parler.

Au théâtre cependant, les textes des autres leur permettaient de se dire encore tout ce qu'ils ressentaient de tendresse et d'attachement réciproques, en préservant cette pudeur et ce respect qui étaient devenus les dernières règles intangibles de leur vie commune.

Et le travail harassant auquel ils se soumettaient, en leur donnant le sentiment d'un accomplissement en commun, leur laissait des temps d'intimité, de douceur, d'amusement, de petites choses et de quotidien.

Ainsi, lors des tournées à l'étranger, de prestigieux visiteurs s'avançant soudain, intimidés, dans le cercle doré du spectacle, demeuraient impressionnés par l'apparente harmonie de leur union.
Ils prenaient aussi garde à ce que leurs séparations fussent de courte durée. Le *no man's land* sentimental dans lequel ils s'étaient aventurés bruissait encore de regrets, de nostalgies, et de ces mouvements subits où un élan passionné les portait l'un vers l'autre, abolissant le temps perdu, les cris et les pleurs, et jusqu'au poids même du silence.
Sur ces entrefaites, l'arrivée de Marilyn Monroe à Londres durant l'hiver de 1957 pour tourner *le Prince et la Danseuse* avec Laurence comme metteur en scène et partenaire, déclencha une vague de curiosité cannibale sans précédent de la part de la presse.
Malgré la multiplication des rumeurs, nul n'avait osé détailler encore franchement les difficultés de Vivien et les incertitudes qui affectaient son mariage.
Les reporters, confrontant l'insolente santé voluptueuse de Marilyn avec la lassitude retenue mais évidente de Vivien, crurent trouver la brèche où palpiteraient les nouvelles toutes fraîches de l'adultère, de la dissolution d'un couple et de la fin d'une légende.
Rien, bien sûr, ne se passa comme ils l'avaient prévu.
Laurence comprit très vite que pour être délicieusement sexy, vaporeuse et américaine, la névrose de Marilyn valait bien celle de sa femme.
En revanche, Vivien qui éprouvait instantanément pour les autres les instincts de protection et de dévouement qu'elle ne savait plus exercer sur elle-même, trouva Marilyn touchante, redoutant que sa dérive, plus tardive et moins évidente que la sienne, ne l'entraînât beaucoup plus vite et infiniment plus loin.
Après quelques clichés prometteurs, les reporters rangèrent bientôt leurs appareils.
En somme, l'épisode Marilyn les avait rapprochés et la nouvelle de la mort de Korda les surprit alors qu'ils venaient de passer pour la première fois depuis longtemps plusieurs semaines de vacances ensemble, sans personne autour d'eux.
Mais comme le départ brutal de l'homme qui les avait autrefois réunis les laissait écrasés de chagrin, Laurence se demandait comment allait réagir Vivien penchée sur le souvenir clos de sa jeunesse désormais finissante.

*« Jeune, jeune homme.
Vous a-t-on dit que vous ressemblez
à un prince arabe...
Mais c'est vrai, mon ange. Approche-
toi. Approche, je te le demande.
Je veux t'embrasser, une fois, une seule fois,
doucement, tendrement...
Et maintenant, va-t'en vite...
Adios. »*

Vivien Leigh
Un tramway nommé désir
Tennessee Williams, Elia Kazan 1951

Or, Margot Fonteyn, comme tant de gens à Londres, avait entendu, le cœur serré, des histoires de jeunes chauffeurs de taxi et de livreurs que Vivien faisait monter chez elle durant les absences de Laurence. Loin des aventures de ce genre où la facture des illusions se règle au prix fort du désespoir et du cynisme, elle s'était elle-même engagée dans une relation d'un tout autre ordre avec Rudolf Noureïev, qui l'avait persuadée, avec la fougue de la jeunesse, d'entreprendre une seconde carrière à ses côtés. Et à chaque représentation, la réussite de ce pari était saluée par un triomphe. Le docteur Arias, son mari, homme politique panaméen à qui son intelligence et son énergie permettaient de surnager dans les eaux passablement troublées de l'histoire de son pays, n'avait rien trouvé à redire à cette floraison de septembre qui, au lieu d'éloigner son épouse, l'avait rendue encore plus tendre et lumineuse. Mais comment faire comprendre à Vivien que la jeunesse ne se trouvait pas dans les rues des faubourgs et devant les pubs populaires où s'arrête parfois le soir une Daimler aux vitres fumées dans laquelle se tient, bien droite, immobile et les traits tirés, une femme entre deux âges ?

Cependant, au mariage de sa fille, Vivien voulut présenter le visage serein des meilleurs jours. La cérémonie ne témoignait-elle pas de la qualité de la relation qui l'avait toujours unie à Leigh, son ancien mari devenu son meilleur ami, son frère, le témoin compatissant et fidèle des joies et des combats obscurs de son adolescence ? Et pourtant, dans son esprit, ici encore les remords inavoués et l'incertitude avaient leur place.
Suzanne avait passé de longues années loin de sa mère. La petite enfance en Angleterre, tandis que Vivien était à Hollywood ; plus tard au Canada, alors qu'elle avait déjà regagné Londres.
Vivien, cependant, aimait beaucoup sa fille, mais comme souvent pour les gens qui ne veulent plus rien savoir de leur propre enfance, ce ne fut qu'au moment où elle devint adulte qu'elle s'en préoccupa vraiment, en tentant de rattraper méthodiquement tout ce qu'elle n'avait pas su ou voulu faire pour elle jusqu'alors. Suzanne avait hérité le caractère de Leigh ; elle avait toujours admiré sa mère et ces marques d'attention tardive la laissaient plus reconnaissante qu'amère. Ce nouveau lien d'affection, que le temps avait renforcé au lieu de

Margot Fonteyn et Rudolf Noureev. Rangs de perles et sandalettes, frison assuré dans le beau monde, mais le public admire la performance et on s'amuse à chaque étape. Aujourd'hui encore, alors que Margot Fonteyn vient de mourir et que Rudolf Noureev se heurte à des lumières éteintes, l'histoire de la danse garde intact le fabuleux souvenir du couple légendaire.

le déchirer, était une joie inattendue pour Vivien ; elle le protégeait désormais soigneusement, même s'il se perdait parmi l'écheveau compliqué de ses regrets, de ses obsessions et de ses idées noires. Curieusement, le mariage à peine célébré et alors que les images de Suzanne enfant occupaient son esprit, elle s'aperçut qu'elle était enceinte de Laurence.
Mais c'était sans doute trop tard, pour cela comme pour tout le reste. Elle perdit bientôt l'enfant, malgré ses efforts désespérés pour le garder. Le dernier barrage venait de disparaître ; plus rien dès lors ne put freiner le cours désordonné de sa dérive vertigineuse.

Laurence Olivier : "*Nos amis en Amérique*
nous ont très bien accueillis
comme toujours.
Mais nous sommes ravis
d'être de retour."
Vivien Leigh : "*Nous passerons les fêtes ici,*
et ensemble comme d'habitude.
C'est une joie et comment
pourrait-il en être autrement !
Et à vous tous aussi,
bon, joyeux Noël !"

Aéroport de Londres, 1957

Laurence ne la quitta plus d'un seul regard, d'une seule tirade. Mais elle mettait une obstination absolument incontrôlable à lui échapper, en profitant du moindre moment d'inattention ou de lassitude, puis reparaissait comme si rien n'avait pu advenir, apparemment tranquille et sûre d'elle-même. Il n'était cependant pas toujours possible de dissimuler les signes d'une insaisissable vérité. On l'aperçut ainsi un jour avec un visage tuméfié qu'elle arborait avec ce naturel parfait qui troublait les esprits les plus malveillants ou les mieux informés. Était-elle tombée, l'avait-il battue, s'agissait-il d'un simple accident ? Plus personne n'osait poser directement la question, car il y avait eu déjà trop de circonstances où toutes les réponses étaient probables.

La passion qui l'avait unie à Laurence n'était plus qu'un tas de cendres sans cesse retournées dans le vain espoir d'y retrouver un reste de

Charme d'une image symbole où se rejoignaient les rêves de tous les couples britanniques. Voyages, valises et vibrato. Toujours un peu plus loin vers le triomphe... et la panique.

braise; mais depuis longtemps désespérément éteintes, humides et froides, après que le feu se fut consumé de sa violence même. Ils paraissaient toujours aussi prévenants l'un à l'égard de l'autre, et aussi attentifs à ne pas décevoir le public dans l'attachement qu'il portait à leur image; ils veillèrent ainsi à donner à leur séparation une ultime apparence: celle du provisoire. Mais ils savaient l'un et l'autre que le naufrage était sans recours et qu'elle avait obtenu ce qu'elle en attendait: s'y perdre et s'y noyer.

Le départ de Laurence lui fit éprouver un sentiment de soulagement inattendu: elle était libre désormais de faire tout ce qui lui plaisait.

Mais quoi exactement ? Prendre le premier avion pour Rome quand le soleil du crépuscule dore les terrasses de la via Veneto ? Ou celui de Tanger où la société des milliardaires androgynes attend avec une impatience bien plus cruelle qu'amicale une nouvelle reine pour ses fêtes ? À moins qu'il n'y ait un départ pour Hollywood alors que Tennessee Williams y réveille *le doux oiseau de la jeunesse* ?

Elle choisit Atlanta et le souvenir de Scarlett, avec soudain le souffle court.

Elle n'avait jamais imaginé que rien ni personne n'aurait changé, mais enfin même le sang du technicolor paraissait s'être évanoui.

Les attachées de presse avaient beau glapir leurs habituels compliments de commande, en se penchant sur les vestiges éparpillés par le vent de son ancien triomphe, elle sentit qu'elle n'était qu'une fausse Américaine, un peu trop impeccable, fourvoyée dans le bal momifié des années emportées par le temps.

Impossible de compter cette fois sur Scarlett pour s'enfuir, personne, et surtout pas elle, ne savait où la trouver.

Laurence ne lisait plus ses lettres, ne prenait plus ses appels au téléphone. Il se comportait comme un évadé qui soudainement a tout oublié des années d'emprisonnement.

Le théâtre qu'il avait dirigé avec Vivien avait été détruit depuis longtemps, et alors qu'il avait toujours reporté le projet d'en construire un nouveau, il s'attelait maintenant avec un enthousiasme juvénile à édifier la salle de tous ses rêves.

Joan Plowright venait de lui donner un enfant, et à cette naissance il avait reçu un cadeau de Vivien auquel il n'avait su répondre.
Vivien avait toujours aimé Tarquin, le fils du premier mariage de Laurence et elle s'en était occupée plutôt mieux que de sa fille. Mais que venait-elle faire dans l'histoire de ce nouvel enfant ? Quel coup de poignard et quel cri de douleur se cachaient dans ces messages d'affection et qui en était le plus frappé ?
Joan Plowright avait trente ans, elle était gaie, forte, bonne comédienne ; jour après jour, tout s'estompa dans le silence et dans l'absence.

Reporter : *"On dit que tout Broadway*
est au point mort."
Vivien Leigh : *"Non,*
ce n'est pas au point mort,
les spectacles reprendront lundi
et moi je recommence
dans une semaine."
Reporter : *"Le Duel des anges*
se passait comment ?"
Vivien Leigh : *" Très bien, on refusait*
du monde."
Reporter : *"Que pensez-vous du théâtre*
américain aujourd'hui ?"
Vivien Leigh : *" J'ai aimé tout ce que j'ai vu."*
Reporter : *"Et votre vie privée ?"*
Vivien Leigh : "..."

Vivien avait déjà croisé plusieurs fois le comédien Jack Merivale durant sa carrière, mais elle ne lui avait prêté qu'une attention distante alors qu'il tentait d'accrocher son regard. Il revint la voir. Cette fois, Vivien prit garde à ne pas le laisser repartir.

Une actrice célèbre s'est séparée d'un partenaire prestigieux après vingt-cinq années de vie commune.

Puis, sans rien oublier de l'admiration et de l'estime anciennes, chacun a refait sa vie de son côté. Il faut laisser passer un peu de temps avant de se retrouver bons amis et, qui sait, pour travailler encore ensemble.

La vie du spectacle est difficile et rares sont les couples de théâtre que la rivalité, la fatigue, l'usure du temps ne séparent pas.

Parfois Vivien déraillait sur le cours de la leçon bien apprise et se dressait livide en insultant Jack Merivale, les journalistes, le monde, sa vie tout entière avec des cris de bête qui arrachaient des larmes aux inconnus affolés.

La vie privée, la vie privée. Oh, mais tout va bien, tout est parfait. Je pense que je rejoindrai Monsieur Merivale dans quelques jours ; en attendant, je vais rester un peu ici, à Paris, à New York, à Rome, en enfer, n'importe où, j'ai des amis à voir.

Comme l'avait écrit Tennessee Williams dans cet autre scénario qu'elle avait absolument voulu tourner parce qu'il lui paraissait n'avoir été façonné que pour elle, Mrs Stone était bien la femme qui savait le mieux ce qu'elle ne devait pas faire et qui pourtant ne pouvait s'en empêcher, encore et encore.

Sauver les apparences, n'est-ce pas la meilleure manière d'affirmer que l'on croit encore en la vie ?

La presse imagina alors que c'était Margot Fonteyn qui avait cédé à la tentation du désastre où Noureïev semblait l'avoir entraînée. Une dénonciation anonyme, des *beautiful people* qui disparaissent en passant par les toits d'une maison où ont retenti les échos d'une partie fine, des artistes européens épinglés par de solides flics irlandais à qui on ne la fait pas quand il s'agit de dope, qui sont ce Russe à la dégaine de beau voyou qui voyage en Amérique et cette Anglaise qui nous

Miss Vivien Leigh, l'étoile bien connue de la scène et de l'écran vient de s'envoler pour Rome où M. Tennessee Williams et une équipe de cinéma américaine l'attendent pour interpréter le personnage de Mrs Stone.

répond sous la lumière blafarde d'un commissariat sordide comme si on était en train de prendre le thé dans un élégant salon de Londres ? Malgré tout, il fallut bien se rendre à l'évidence, il ne s'agissait que d'une méprise suscitée par la malveillance. Et bien qu'ils fussent profondément attachés l'un à l'autre malgré les vingt années de leur différence d'âge, ni Margot Fonteyn ni Rudolf Noureïev n'avaient besoin de Tennessee Williams pour écrire le scénario de leur propre histoire.

Tout de même, l'affaire avait fait grand bruit et la presse, comme l'establishment londonien, ne se résignaient pas à lâcher prise, torturant Margot Fonteyn qui n'avait jamais connu d'autres armes dans sa vie que la grâce et le sourire de son inaltérable gentillesse.

Il fallut que le malentendu devînt tragique pour que l'on admette enfin que l'innocence est parfois aussi du côté des victimes. Prise dans les remous à sensations des coups d'État d'Amérique latine où elle avait suivi une première fois son mari, Margot Fonteyn le retrouvait maintenant paralysé à vie par une tentative d'assassinat, dépendant désormais d'elle pour ce qu'il lui restait d'avenir, et elle avait encore le courage de parler du futur aux reporters en se tenant près de lui avec confiance, et d'opposer aux caméras le spectacle de sa perpétuelle candeur juvénile. Non, en ces temps d'affaire Profumo, Margot Fonteyn n'était pas celle par qui arrivaient les multiples scandales ravageant la haute société britannique. On la laissa aux meurtrissures qu'on lui avait faites, et puis on revint à Vivien.
Or, Vivien, en prenant publiquement parti pour la danseuse étoile, avait suivi avec horreur la décadence accélérée des méthodes de la presse. Entre une vie privée irréprochable comme celle de Margot Fonteyn et celle toujours douloureuse dans laquelle elle se débattait, que venaient faire tous ces journalistes, si ce n'est apporter un peu plus de confusion et de malheur ?
Elle prit l'habitude de fuir les échotiers et les photographes parmi lesquels elle ne reconnaissait plus aucun des visages amicaux de sa jeunesse, et de s'enfermer durant ses séjours en Angleterre, avec Jack Merivale dans le manoir qu'elle possédait à la campagne. Elle y découvrit à sa grande surprise le plaisir de s'occuper de ses petits-enfants et de se rapprocher un peu plus chaque jour de Suzanne qui, faute de l'avoir jamais bien connue, s'était au moins contentée de lui être toujours fidèle.
Le cercle si vaste de ses amis ne cessait de lui proposer de grands voyages, mais ses absences demeuraient toujours imprévisibles, et leurs destinations le plus souvent mystérieuses.
On savait seulement, après qu'elle eut refusé d'en parler avec une brusque violence, qu'elle n'irait sans doute jamais dans la somptueuse villa d'Acapulco où Merle Oberon recevait George Hamilton et puis aussi d'autres garçons du même âge et d'un autre genre, compagnons éphémères de sa perpétuelle jeunesse étrangement figée à l'abris d'une invisible forteresse de dollars.
Ce n'était qu'avec les intimes d'Hollywood et de Londres, Jack, Noel Coward ou sir John Gielguld, amis de la petite bande du temps de Laurence, qu'elle paraissait encore se sentir bien, ou alors sur scène,

où on la réclamait toujours malgré les risques d'une rupture de contrat, d'une disparition soudaine ou du refus des compagnies d'assurances parce que sa seule présence sur une affiche attirait des foules immenses, jamais lasses de la revoir et d'être émues ou amusées par elle.

Mais Laurence depuis longtemps ignorait obstinément ses messages, les instants de paix se payaient au prix fort des ordonnances entre deux accès de désespoir, et rien ne ressemble plus à la rencontre d'un soir que celle de la veille, déjà oubliée et encore exigeante.

Sur le plateau de *Tovaritch*, à Broadway, devant une salle comble, alors que Jean-Pierre Aumont n'avait cessé de vouloir la rassurer et la protéger, avec un sentiment d'inquiétude chaque soir un peu plus fort, elle accepta enfin de s'incliner tout à fait devant le monstre qui

Miss Vivien Leigh, l'épouse divorcée de Sir Laurence Olivier, a démenti, lors d'une conférence de presse, toute rumeur de romance avec un jeune photographe italien qui l'escortait au Tito's. Miss Leigh a précisé qu'il s'agissait d'un ami ; elle souhaite rester à Rome encore quelque temps.

avait si souvent frémi en elle et déchiré sa vie, et qui désormais hurlait par sa bouche au public horrifié l'histoire incohérente de ses multiples échecs et de ses insupportables douleurs.

Il paraît que, plus tard, à la représentation du soir, elle tenta de lui résister encore, et de couvrir en criant ses répliques, depuis la loge où elle s'était barricadée, les tirades entrecoupées de sanglots que sa doublure tentait de réciter sur scène.

“ *Reviens,*
mon amour.... reviens. ”

Vivien Leigh. Printemps romain de Mrs Stone, *1962*

On est sans nouvelle à Rome, de Mrs Stone, comédienne retirée de la vie théâtrale depuis plusieurs années, ayant rompu avec toutes ses anciennes relations. La police essaye d'établir si le corps sans vie d'une riche étrangère entre deux âges, retrouvé dans un appartement de location pourrait être le sien. On parle d'un crime de rodeur.

Le Sud, il fait si froid maintenant, il faut rejoindre le Sud, où tout se déroule plus lentement, où rien ne change. Scarlett s'y cache, c'est bien certain, il suffit de la chercher. Regardez, la voilà, elle a retrouvé Laurence, ils ont été si heureux à Capri, ce sont eux ces amoureux qui se promènent la nuit dans les rues de Rome. N'est-ce pas Mr Selznick ? Vous aussi, vous êtes venu ici pour y tourner ce qui sera votre dernier film, avec Jennifer Jones, votre nouvelle épouse. Ne dites pas qu'il s'agit d'une erreur, que Scarlett est devenue folle et que Laurence l'a abandonnée. Dites plutôt que vous n'avez cessé d'attendre son retour pour qu'elle vienne vous parler une fois encore de son amour et vous montrer comment s'y prendre pour le séduire et conquérir pour lui le monde entier.

Ne soyez pas surpris qu'elle ait eu besoin de tout ce temps pour vous rejoindre, il faut faire beaucoup de détours pour aller de Darjeeling à Atlanta, et quand on est une enfant, voyez-vous, c'est le premier départ qui brûle la vie entière, et puis il est vrai que l'on s'attache aux amitiés du voyage.

Les tramways de l'Angleterre sont sans désir et en somme, ils ne tiennent pas bien la mer, mais, que voulez-vous, ils vous conduisent parfois chez Malice au pays des merveilles ; et, qui sait, s'ils étaient capricieux et ramenaient en arrière cette femme brisée dont je vous parlais tout à l'heure, vers celui qu'elle n'oubliera jamais et qui, bien sûr, pense encore à elle même si elle n'en parle à personne ? Il faut toujours tenter ce genre de chance. Vous comprenez, c'est normal qu'elle vous ait fait attendre un peu plus de trente ans.

Écoutez bien ce qu'elle vient de vous dire en vous croisant sans vous reconnaître. Bien sûr, vous le savez comme nous-mêmes, elle n'est pas indemne de toutes ces années-là. Comment résister aux élans d'un tel cœur ? Qui donc y parviendrait ?

Elle a besoin de ses meilleurs souvenirs pour essayer de retrouver la force et la bravoure dont elle sut se servir pour vous plaire dès votre première rencontre et pour être bien certaine que vous ne pourrez l'oublier.

Mais enfin, ne croyez pas qu'elle ait changé, ni ceux qui vous diront qu'elle est morte un soir de printemps, comme Mrs Stone, dans les bras d'un autre homme que celui que vous avez connu ; non, il s'agit de la même femme et elle vivra encore longtemps, même si elle paraît

un peu perdue lorsqu'elle passe dans cette rue où rien ni personne ne semble lui rappeler ce qu'elle cherche encore.
Alors, puisque vous aussi, comme tant d'autres, l'aimez toujours et qu'il est si simple de penser à elle en regardant ses images, courant depuis Atlanta jusqu'à *La Nef des fous*, sans que jamais cela ne la console, donnez-lui cette seconde chance qui lui a manqué et apportez-lui la paix dans sa fuite sans fin.

Vivien Leigh et Laurence Olivier, L'Invincible Armada *(Howard, 1936).*

RÉALISATION

Cie 12 DOUZE

DIRECTION ARTISTIQUE

Stéphane Danilowiez

MAQUETTE

Judith Chahine

SECRÉTARIAT DE RÉDACTION

Lambda Barre,
Pia Clévenot, Michèle Gavet-Imbert,
Marine Le Guen

ICONOGRAPHIE

Véronique Lambert de Guise

CRÉDITS PHOTOGRAHIQUES

Bettmann: 182, 231. Cahiers du cinéma: 141. Collection Alain Gauvreau: 43, 67, 73, 200, 212. D.R.: 39, 42, 47, 50, 51, 57, 60, 62, 63, 64, 65, 75, 111, 112, 113, 120, 122, 128, 130, 133, 135, 137, 140, 141, 151, 157. Marcello Gepetti: 99. L'illustration/sygma: 17. Keystone: 11, 14, 18, 31, 35, 77, 95, 104, 119, 140, 141, 144, 146, 150, 158, 170, 175, 176, 179, 191, 205, 225, 227. Keystone/sygma: 27, 86, 111, 178. The Kobal collection: 9, 21, 22, 26, 31, 55, 64, 65, 68, 71, 79, 85, 95, 196, 211, 217, 218, 234, 236. Helmut Newton: 79. Sipa press: 9, 17, 91, 106, 155, 163, 166, 168, 185, 187, 188. Sipa press/Weber: 108. Sygma/Maestri: 153. UPI/Bettmann: 14, 25, 30, 88, 94, 97, 100, 101, 155, 171, 174, 191, 198, 202, 209, 233.

Photocomposition et photogravure:
Optigraphic Paris

Dépôt légal: septembre 1991
ISBN: 2-87645-113-1
50-64-5590-01

Imprimé sur Bookomatic
par Maury Eurolivres SA 45300 Manchecourt
n° d'imprimeur: 91/08/M0101